设备工程与管理

高新玉　张凤山　张　猛　主编

中国原子能出版社

图书在版编目（CIP）数据

设备工程与管理 / 高新玉, 张凤山, 张猛主编. --
北京 : 中国原子能出版社, 2020.4（2023.4重印）
ISBN 978-7-5221-0542-0

Ⅰ. ①设… Ⅱ. ①高… ②张… ③张… Ⅲ. ①设备管
理 Ⅳ. ①F273.4

中国版本图书馆CIP数据核字(2020)第075117号

设备工程与管理

出版发行	中国原子能出版社（北京市海淀区阜成路43号 100048）	
责任编辑	徐　明	
责任印刷	赵　明	
印　　刷	河北文盛印刷有限公司	
经　　销	全国新华书店	
开　　本	787毫米×1092毫米　1/16	
印　　张	10	
字　　数	160千字	
版　　次	2020年4月第1版	
印　　次	2023年4月第2次印刷	
标准书号	ISBN 978-7-5221-0542-0	
定　　价	58.00元	

网址：http//www.aep.com.cn　　　　E-mail:atomep123@126.com
发行电话：010-68452845　　　　　版权所有　翻印必究

前　言

　　设备是企业主要的生产装备，是生产力的重要标志之一。本书主要以石油加工业，化学原料、化学品及医药制造业等设备工程为例，详细论述了石油化工设备管理的主要内容、石油化工通用设备管理的作用与意义、石油化工设备单元操作、设备管理与维修术语、石油化工容器、换热器、塔类设备、反应釜、干燥设备、石油化工管道、阀门等相关知识。对化工生产的特点及对化工设备的基本要求、化工容器与设备的有关标准规范、化工设备常用材料及腐蚀与防护也详细进行了论述。此外本书还对医药制造业等相关领域设备运维及管理进行了阐述。

　　企业设备的技术状况如何，不仅关系到产品质量的好坏，能源消耗的多少，而且关系到整个国民经济的发展速度。随着科学技术的飞速发展，新知识、新技术、新工艺、新材料的不断涌现，大型化、高效化、高速化、精密化、机电一体化、自动化、智能化的设备日益增多，设备的投资更加昂贵，设备的性能更加优良，结构更加复杂，使用、维修等条件更加严格，随之带来设备的维护保养、检查修理费用和维修费用在产品中的比重越来越高，设备故障与事故给企业生产经营带来的损失也越来越大。因此，设备管理作为企业管理的一个重要领域，不仅直接影响企业当前的生产经营，而且关系着企业的长远发展和成败兴衰。没有现代化的设备管理，就不可能构建现代化的企业。

　　本书共分5章，包括：石油化工通用设备管理、石油化工通用设备、设备安全风险评价、设备管理概述、电气安全基础。

目 录

第一章
石油化工通用设备管理

第一节　设备检查活动类型及组成

石油化工厂设备检查活动按检查的时间性大致可分为定期检查、不定期检查和经常性检查三种类型。

一、定期检查

定期检查是指按照不同设备的具体情况和技术特征，根据长期经验的积累，或有关制度、规程、标准的规定和要求，定期进行的设备检查活动。主要包括以下几个方面的内容。

(一) 设备技术状况的定期检查

按照《工业企业设备管理制度》的规定，各石油化工企业每季度及年末要向上级公司统计上报本企业的设备技术状况表。设备技术状况表按设备明细分类台数，统计完好、不完好台数及完好率；按全厂静密封点数，统计泄漏点数及泄漏率，并要对技术状况加以说明。通常完好率及泄漏率将作为衡量企业设备技术状况的主要指标之一。为此，各企业一般在季末及年末都要进行一次设备完好及设备泄漏的定期检查，以便掌握设备的技术状况，及时统计上报。

各企业下属分厂每月要向总厂，各车间每月要向分厂，上报设备的月技术状况表，因而月末也要进行一次设备完好及设备泄漏的定期检查。

车间为了及时掌握设备的技术状况，一般每周末都要组织生产、维修人员及设备管理员进行一次设备的定期检查，以便安排下周的维修计划和活动。

(二) 压力容器的定期检查

对压力容器必须遵照我国劳动部颁发的《压力容器安全技术监察规程》等法规的有关规定，安排定期检查活动。

例如，该规程第 115 条规定，压力容器的定期检验分为：

（1）外部检查是指专业人员在压力容器运行中的定期在线检查，每年至少一次。

（2）内外部检验是指专业检验人员，在压力容器停机时的检验，其期限分为：

安全状况等级为 1~3 级的，每隔 6 年至少一次。

安全状况等级为 3~4 级的，每隔 3 年至少一次。

（3）耐压试验是指压力容器停机检验时，所进行的超过最高工作压力的液压试验或气压试验，其周期每 10 年至少一次。

外部检查和内外部检验内容及安全状况等级的规定，另在劳动部颁发的《在用压力容器检验规程》中有明确规定。

（三）结合定期安全检查活动的设备检查

结合工厂定期安全检查活动进行的季节性检查和节日前检查进行的设备检查，在《安全检查制度》第七条中明确规定：

定期安全检查包括季节性检查和节日前检查。

1. 季节性检查

春季安全大检查以防雷、防静电、防解冻跑漏、防建筑物倒塌为重点。

夏季安全大检查以防暑降温、防台风、防汛为重点。

秋季安全大检查以防火、防冻保温为重点。

冬季安全大检查以防火、防爆、防煤气中毒、防冻防凝、防滑为重点。

2. 节日前检查

节日前对安全、保卫、消防、生产准备、备用设备等进行检查，以确保节日期间的安全。

以上规定的定期设备检查，可由设备主管部门单独组织，也可与安全检查结合一起进行。

二、不定期检查

不定期检查是指没有固定间隔期，根据生产需要不定期安排的检查活动。不定期检查包括以下几个方面的内容。

(一) 装置临时停工的设备检查

装置由于原料不足或后路 (下道工序) 堵塞，或因其他原因，为了搞好生产系统平衡而临时安排的不定期停工，一般称作"生产窗口"。利用"生产窗口"进行设备检查可以安排平时在装置开工设备运转期间不能进行 (非要停机将设备打开才能检查) 的一些检查项目，如设备内部存在的故障或隐患等。

(二) 装置停工大检修的设备检查

装置停工大检修计划一般均在前一年度安排下一年度生产计划时同时进行安排。设备检查计划也在安排大检修计划时同时提前安排。

在装置停工大检修中设备检查是十分重要的一环。检查是检修的先行。一般检修项目的内容 (包括要检修的部位范围的大小、更换哪些备品配件和材料、采取什么检修方案和施工方法、达到什么标准等) 要根据检查的结果研究确定。因而，在装置停工前就要制订好具体的检查计划，做好设备检查的一切准备，其中包括：

(1) 检查组人员的组成和分工。

(2) 检查的项目、步骤和内容。

(3) 检查方法和仪器、工具的准备。

(4) 检查设备部位的图纸资料准备。

(5) 检查记录表格的准备。

(6) 检查人员防护用品的准备。

(7) 安全措施、安全教育及安全注意事项等。

检查组可由车间技术干部及有经验的员工组成。

由于停工大检修时间不能太长，故检查工作一般在装置停工吹扫完毕、设备内部清扫干净、安全条件可靠的情况下，抓紧时间，24 小时昼夜连续进行。

所有设备检查情况，除作为分析研究、确定检修内容外，都应做好详细记录，画出必要的图表，整理好数据，连同检修记录并归入设备档案，作为设备的第一性资料予以妥善保管，以便以后查阅。

(三) 备用设备轮换检查

有备用的设备，可利用备用的机会，进行轮换检查。因为有备用设备，所以必要时还可安排解体进行内部部件的彻底检查。

(四) 设备临时故障检查

设备临时发生故障，需要即时采取措施停机或不停机地进行检查，要迅速找出故障原因，以便进行及时维修予以消除。

(五) 设备事故抢修检查

设备发生事故需要抢修，抢修前应先查出事故原因，分析出可能受到的损伤范围、性质及程度，以便采取对策，及时进行修复。

(六) 新装置投产前的设备检查

按照对设备实行"全过程管理"的要求，工厂的设备主管部门应及早介入设备的规划、设计、采购、安装、调试等投运前的前期 (前半生) 活动。因为设备的前期 (前半生) 活动会直接影响着设备投运后的后期 (后半生) 活动。

因而新装置投产前的设备检查非常重要。要组成强有力的检查组进行设备检查，检查新安装的设备是否具备投产条件，主要包括以下内容：

(1) 设备安装是否合乎生产要求。

(2) 压力容器是否经过检验取证。

(3) 备用设备是否处于完好状态，能否随时启动。

(4) 安全泄放保护设施是否灵活好用。

(5) 仪表、电气设施是否符合规程。

(6) 关键备品、配件的配备是否足够。

(7) 随机携带专用工具是否保存完整。

(8) 机泵设备是否试车合格。

(9) 工艺设备及管线是否试压合格。

(10) 所有密封结合部位有否泄漏。

(11) 设备图纸、安装资料是否齐全。

(12) 安全、环保条件是否合格等。

新装置投产前的设备检查一般由工程主管部门组织，但一定要吸收生产、安全、设备、环保等主管部门的人员参加，共同检查。查出问题要及时整改，合乎要求后方可投产。

(七) 停用、闲置设备的防护检查

暂时停止使用的设备，或停用时间较长，或生产中已不使用的闲置设备，均需采取必要的防护措施，并进行定期或不定期的检查，观察是否有锈蚀或损坏情况发生，以保证其完好无损。

(八) 其他临时安排的检查

系指上述设备检查以外，其他出于某种需要临时安排的设备检查。工厂可根据需要临时安排进行。

三、经常性检查

经常性检查是指经常性对生产设备开展的检查活动，经常性检查包括以下几个方面的内容。

(一) 生产操作工人的岗位巡回检查

生产操作工人是设备的直接使用者，因而对设备的正确使用和精心维护——使设备经常处于完好状况运行，负有直接的责任。因而生产操作工人经常对所操作管辖的设备，按照岗位责任制的要求，进行巡回检查，及时发现问题及不安全因素进行必要的维护，或联系机械、电气、仪表等维修人员密切配合、共同协作排除故障和隐患，是十分重要的一环。

生产操作工人每班接班后按照一定的检查间隔时间（一般为 1~2 小时）、一定的巡回检查路线、一定的检查点、一定的检查内容，对所操作管辖的生产设备的运行情况及不安全因素进行岗位巡回检查。一般采用"顶牌""挂牌""翻牌"或"转牌"等各种标记和形式，使检查科学化、规范化和制度化。

多年来，石油化工厂要求操作工人要进行有关设备方面的专业知识和

使用、检查、维护设备的技术培训。正式顶岗后，还要继续开展技术学习和岗位练兵。要求每个操作工人对自己使用操作管辖的设备，要做到懂结构、懂原理、懂性能、懂用途及会正确使用、会维护保养、会排除故障的"四懂三会"。有了以上的知识和技能，开展岗位巡回检查，就会收到良好的效果。在日常管理中，石油化工厂还把"清洁、润滑、调整、紧固、防腐"十字作业法和对设备润滑要做到"五定"(定点、定时、定质、定量、定期清洗换油)、"三级过滤"(一级过滤：从领油大桶到岗位储油桶；二级过滤：从岗位储油桶到油壶；三级过滤：从油壶到加油点) 等，将这些作为操作工人进行巡回检查、维护好设备的好传统进行继承和发扬。

在这方面，各石油化工厂都有生产操作工人执行岗位巡回检查严格认真的好典型、好经验，在全厂进行推广。

(二) 生产岗位的程序化检查

生产岗位的程序化检查是生产岗位"程序化工作法"的主要内容。它是燕山石油化工公司炼油厂在岗位巡回检查的基础上发展起来的一种新型的检查方法。"程序工作法"的核心是把一个工作日的工作划成几个工作单元，每个单元的工作各有侧重。操作工一上岗即按时间为序，每小时完成一个工作单元，工作按程序有条不紊，既明确又具体，既便于工人操作执行，又便于管理人员检查、考核。

如该厂三蒸馏车间热油泵房实行"五班三倒"操作，将一个工作日 (班) 的工作内容划分为 6 个工作单元。每个单元有不同的工作重点。如有的单元重点是检查机泵润滑情况 (是否缺油、甩油、变质、乳化等)，同时要检查轴承声音是否正常；有的单元侧重于检查泵冷却系统，检查机泵冷却及水管是否正常，对于关键工作如泵房中的电流、压力的检查，则要贯穿于每个工作单元里，以确保与工艺过程关系密切的内容随时得到检查。这种检查有一套严格、具体的工作标准。如检查机械密封情况，规定出要查哪几个点、哪几个部位，查到什么程度，要求十分具体。

(三) 维修工人的区域巡回检查

维修工人根据本班组对设备实行包机的责任分工范围，按照一定的检查时间、一定的检查路线、一定的设备检查点、一定的检查内容，对所负责维修的设备运行状况及不安全因素进行巡回检查，主动发现设备隐患，及时排除，确保设备安全、长周期运行。

(四)设备管理人员的巡检和点检

厂部设备主管部门(机动处或设备处)的专业技术管理人员(处长、工程师、技师、技术员)及基层车间设备管理人员(主管设备的副主任、工程师、技术员)，根据其专业或区域责任分工，经常深入基层车间和班组、岗位对设备进行巡检或点检，特别要对大型机组及关键设备的运行情况，及时掌握设备动态及劣化趋势，做好信息、档案、资料积累，合理安排好预防性维修，防止故障发生，确保设备正常运行。

(五)"特级维护"的多方联检

对大型机组或关键设备实行"特级维护"，是采取钳工、电工、仪表工、操作工及设备管理员等组成"特级维护"小组，对设备进行"机、电、仪、操、管"五方联合检查(即"五环联检")，共同协作，搞好维护的一种特殊方式。他们各按自己专业范围所应负的责任，对所维护的大型机组或关键设备按一定的时间进行检查，做好记录，互通信息，定期碰头，讨论研究，共同协作，排除故障，解决存在问题，保证设备安全、稳定、长周期地运行。

对所实行的"特级维护"，总结有四个"高"，即

(1)人员高素质特级维护小组一般由车间设备管理员、操作班长和维护班、组长组成，由车间主管设备副主任担任小组组长。

(2)巡检高密度是指对一般设备操作工人2小时巡回检查一次，而对特级维护的设备1小时巡回检查一次。

(3)检查高质量除对每台特级维护的设备由小组成员按照规定的时间，规定的检查点、检查路线、检查标准进行检查外，还由工厂设备研究所的专业监测人员应用专门监测仪器定期进行监测和预报运行状况。

(4)维修高效率特级维护的设备一旦发生故障，各工种应在几分钟内赶到现场，日夜加班抢修，使其尽快修复并投入运行。

(六) 专职检查人员的监督检查

系指厂部设备管理及安全管理主管部门的专职巡回监督检查。这类专职检查人员必须由身体健康、责任心强、熟悉业务、有生产实践经验的人员担任。

设备主管部门的专职检查人员与科室一般专业技术管理人员不同。他是专职进行设备监督检查的人员，一般由技师或有实践经验的员工担任，每日深入主要装置巡回监督检查设备，重点监督检查大型机组及关键设备的运行状况，发现问题及时汇报并提向生产装置及维修单位及时予以整改。

安全主管部门对工厂连续生产的主要装置及易燃、易爆区域，设巡回监督检查人员，实行24小时倒班，每班不少于2人。其巡回监督检查内容以安全生产规章制度贯彻执行情况和主要设备缺陷、隐患及其他不安全因素为主，按照"定巡检路线、定要害部位、定检查内容、定检查时间"的方法，进行巡回监督检查，认真填写记录，既监督又服务，发现问题，及时汇报，协同有关部门督促整改处理。

(七) 理化检验部门的监测

为了针对设备存在技术难题，紧密结合生产，开展设备技术攻关及理化检验工作，石油、化工厂大都设有自己的设备研究所。设在工厂设备研究所的理化检验部门一般都对大型机组开展振动监测，对塔器设备、管线开展腐蚀监测，对冷换设备开展水质、污垢监测等。理化监测人员经常深入车间岗位，现场取样，测取数据，掌握动态，研究分析，为设备长周期运行提供指导性的技术数据和资料信息。他们还根据生产车间提出的设备检查、监测的项目要求，开展工作，为生产服务。

第二节　石油化工检查标准

一、岗位责任制大检查

石油化工厂的岗位责任制大检查是以检查工厂生产安全、设备完好、跑冒滴漏、环境整洁、文明生产、现场规格化，以及交接班、巡回检查等各项岗位责任制度的落实情况，全厂职工参加的检查活动。各石化企业一般都将设备检查作为主要内容。

岗位责任制大检查最早起源于20世纪60年代初期的大庆石油会战。

随着全国学大庆热潮的不断深入，石油化工厂普遍学习大庆，在基层班组岗位建立了岗位责任制，也定期一次又一次地开展了全厂性的岗位责任制大检查。起初一般是每月一次，以后逐步发展到一个季度开展一次。许多厂一直坚持开展没有中断。效果都十分显著。

《石油化工设备完好标准》（SHS 01001—2004）对石油化工厂通用、炼油、化工、化纤、化肥、动力、仪表、电站、供排水、空分等各类具体设备都有完好标准，而且对完好岗位及无泄漏装置（区）和完好装置也有明确的标准，每次检查时都按此标准对照衡量。检查的同时，对车间申报的完好岗位（完好泵房、完好仪表操作室、完好变电所、完好罐区）、无泄漏装置（区）和完好装置进行检查验收。合格者，报请厂部给予命名奖励。

每次检查，先后约为一个月，检查结束后，开全厂大会总结讲评，好的表扬，差的批评，查出问题没改的限期整改，检查情况并与车间奖励挂钩。

二、石化系统设备大检查

石油化工系统进行的全系统设备大检查，是以检查各企业对上级颁发的设备管理有关规章制度执行情况、各项设备管理技术指标完成情况为主要内容的检查活动。

每次大检查由总部抽调各石油化工企业有经验的设备管理干部和技术人员，组成设备检查团，将石化系统直属生产企业，按地区划分为若干检查组，用一个月左右的时间采取地区交换互检的方法，进行检查。这种检查事先由各厂按总部制定的统一标准，对照衡量，进行自查自改。在此基础上由总部组织的检查团深入各厂，按照《石油化工企业设备管理检查评级办法及标准》进行现场检查。检查评级结果，每年在总部召开的设备管理工作年会上公布并进行表彰奖励。

石化系统每年一次的设备大检查，调动了所有石化企业广大职工重视设备、搞好设备维修管理的积极性，使设备的"全员管理"加强，设备的安全可靠度增加，设备状况不断改善，跑冒滴漏减少，环境整洁，文明生产，现场的规格化程度提高，厂容面貌也大大改观。通过企业之间的互检，互相学习，交流经验，从而提高了整个石化系统的设备管理水平。

重组改制后的中国石油化工集团公司（以下简称中国石化）2004年制定的《中国石油化工集团公司设备管理办法》明确规定"集团公司每年组织一次设备大检查，开展企业设备管理工作达标升级活动"。因此，中国石化一直坚持每年组织一次设备大检查，有力地促进和提高了集团公司石化企业的设备管理管水平。

第三节　设备检查安全注意事项

石油化工厂设备检查工作在生产运行中或停工检修中进行，必然要涉及生产安全、设备安全和人身安全问题。由于高温、高压、易燃、易爆、易腐蚀、易中毒是石油化工厂的特点，万一检查工作中不慎在安全上出了问题，就会导致火灾、爆炸、中毒、人身伤亡等重大恶性事故的发生。因而在进行设备检查工作之前，检查人员必须熟悉与检查有关的安全规章制度和注意事项，并在进行过程中严格贯彻执行。

中国石化编制颁发的《职业安全卫生管理制度》内，诸如《安全检查制度》《安全用火制度》《二十四小时巡回检查制度》《装置停工安全检修制度》《事故隐患管理制度》《人身安全十大禁令》《防火、防爆十大禁令》《车辆安全十大禁令》《防止中毒窒息十条规定》《防止静电危害十条规定》《液化石油气及瓦斯安全规定》《放射线源卫生防护管理规定》以及《气体防护急救管理规定》等，都与设备检查工作紧密相关。这些规程、制度和规定，所有石油化工厂从事设备检查工作的人员都应遵循，并严格贯彻执行。

从事设备检查工作的人员，在进入现场进行设备检查工作之前，通常均应首先对以下问题加以考虑：

（1）进入容器、储罐等设备进行检查，首先要考虑安全呼吸是否有足够的空气。

（2）防火、防爆安全措施是否落实。

（3）人孔或其他通道是否便于出入。

（4）对人体有害的有毒介质或冷、热介质是否可避开接触。

（5）确保人员检查操作的安全支撑、脚手架、立足点是否可靠。

（6）上方落下的物体防范措施是否落实。

（7）检查操作的安全环境温度是否能确保。

（8）对检查操作环境的电力、放射性、氧含量以及其他特殊防火和有关的安全问题是否安全了解。

（9）如果噪声成为问题的话，是否有可靠的确保听力受到保护的措施。

一、检查前的安全准备工作

在任何情况下，检查人员欲进入生产运行过程中的单台停用设备进行检查工作时，必须首先完成以下安全准备工作：

（1）用蒸汽吹扫或水冲洗，清除掉设备内残留的介质；

（2）用盲板盲死出入工艺管线，切断水、电、蒸汽、压缩空气等管线，与生产及公用系统全部隔离，并挂上标牌；

（3）用通风或冷却的方法，将设备内的蒸汽排除；

（4）如有放射性源仪器会产生放射性危害时，可将其移去；

（5）对设备进行检查工作时，需要对设备进行适当保护的措施要一一落实。

以上安全准备工作主要由生产装置管理人员进行，并在安全员监督之下完成，最后签发设备安全进入工作许可之前，设备检查人员必须在被保证可以安全开展工作的区域做最终检查以证实没有任何因素被忽视，以及情况没有发生变化，在安全员发给许可证后，方可进入。安全措施应事先考虑在检查工作计划之中，并视为工作不可分割的重要的一部分。

二、一般安全注意事项

设备检查人员对要进行的设备检查工作，应该事先有充分的了解，对如何进行这项工作以及工作中可能遇到的潜在的安全问题心中有数。有疑问时，应主动向有关人员了解情况，头脑中不但应有这项工作各方面的轮廓，而且应确信没有忽略任何可能引起事故发生的条件。

（一）通风及气体采样分析

在容器、设备中做检查工作，必须充分通风，以确保检查人员不会处于浓度值不安全范围的易燃、易爆或有毒的蒸气或气体之中，或处于供氧不足的操作环境。这尤其适用于有催化剂床层的容器和设备。

正确使用适当的呼吸装置，可防止有毒浓度的蒸气或气体的中毒和缺氧。检查人员应做必要的气体采样分析，以确定容器内的操作环境是否可供安全呼吸。如果容器是用惰性气体吹扫，则应了解所用何种气体。有时新容器在运输前，为了防止腐蚀而充以惰性气体，这样就会造成缺氧。因而，检查人员在检查新设备之前，必须考虑到这种可能性。过去石油化工厂曾经发生过由于容器缺氧进入工作造成人员死亡的事故，应该引以为戒。

进行气体采样分析，应选用适合的可燃气体分析仪、有毒气体分析仪以及氧气分析仪等。为了确保安全，常常有必要进行不止一种类型的试验。对易燃气体做试验分析合格的安全环境，对硫化氢或其他一些污染物有可能并不安全。因而，确定所需做的试验，必须事先了解要做试验的容器设备中所盛装的物料。

检查人员应充分认识到所进行工作的潜在的安全问题：应了解在何处采的样、做的分析，并考虑经历了多长的时间空气成分会发生变化，应隔多长时间再次做检验分析；对于一些既有毒又易燃的气体，则应相应地进行多种检验分析，特别应警惕从设备内的残渣、氧化皮、凹坑或一些内部构件的凹进部分释放出易燃或有毒蒸气的可能性。

为了保护人员免受有毒气体的可能伤害，实践证明，最好在打开较低部位的人孔之前，在顶部打开的人孔或管口上，安装一台排风机，可以收到较好的效果。

（二）设备容器的安全进出

为了做到设备、容器的安全进出，必须充分准备好安全进出的方便措施。设备、容器内部所搭的脚手架、工作架和起落吊装的绳索不应妨碍检查及维修人员的进出以及出现紧急情况时的营救工作。特别要考虑到确保安全通道的畅通。对可能点燃的木料或易燃的脚手架应加强安全监视，并要采取必要的安全预防措施，防止燃烧事故的发生。有时需要在人孔外搭起适当的外部平台，便于检查人员进出。

有些工作需要有两种撤离途径。若缺少第二途径，万一发生火灾或遇有其他紧急情况时会难以撤离。因此，就需要事先安置准备好必要的安全撤离设施。

（三）安全带的准备

在离坠落平面（垂直距离）2 m 以上位置作业为高处作业。高处作业必须系好安全带、戴好安全帽，检修现场必须设置安全护体或安全网等防护设施。

在容器、反应器等设备内工作的检查人员都应戴上配有救生索的安全带。如果由容器、反应器等设备顶部开口进入，安全带应是垂直悬挂人员的吊带型，救生索一端应牢靠地连接在吊带上，另一端连接在进口处。开口外至少应留有一人负责监护。设备检查人员应熟悉了解有关高处作业佩戴安全带的规定，并严格遵照执行。

（四）呼吸器具的配备

美国 API 规定，在不可能给装置以充分的通风以减少易燃气体蒸气浓度到4％极限以下的场合，必须使用新鲜空气呼吸器，且必须严格遵守有关使用的特殊方法。如果烃浓度是20％的爆炸下限，即使使用呼吸器，也只能在极其紧急的情况下进入。

在某些特殊情况下，设备检查人员必须佩戴新鲜空气呼吸器，在容器、反应器等设备内工作时，应该有另外两个人也佩戴呼吸器做监护。这两个人中，有一人必须与检查操作人员一起守在容器、反应器等设备里，另一人必须守在入口外侧附近，并佩戴有紧急情况下向其他人员发出警报的电喇叭等工具，且应充分了解信号系统和紧急措施并按照信号系统和紧急措施的要求认真执行。

（五）搭好脚手架及工作架

在容器、设备中工作必须搭好脚手架及工作架。设备检查人员应对以下安全因素引起注意：

（1）脚手架及工作架应能承受最大的负荷，搭接良好，稳固可靠。

（2）跳板捆扎结实，检查人员来回走动工作方便，必要时应有保护栏杆和挡脚板。

（3）于脚手架上搬运仪器及材料，承受不平衡荷重或受到撞击时不至于损坏。

（4）附近有焊接或切割作业时，应采取防护措施，使火花不致点燃脚手架及工作架，使索具不致受损。

（5）脚手架及工作架附近不应堆放临时物品，阻塞安全通道。

（六）配备好个人防护器具和装备

根据实践经验证明，设备检查人员需要配备以下个人防护器具和装备：

（1）进入工作现场，一律需戴安全帽，着工作服。

（2）高处作业或狭窄空间工作，应配备安全带及救生索。

（3）为避免皮肤接触油品，酸、碱等腐蚀物质和灼热的表面，需配备必要的特殊工作服装。

（4）在灰尘或风沙较多的地方，应佩戴轻便的护目镜、毛巾围脖、口罩或面罩。

（5）进入有毒、易燃介质或缺氧的容器、储罐，应佩戴防毒面具、新鲜空气呼吸器。

（6）进入有温度的炉子，需要配备木底鞋及护脚。

（7）进入黑暗场所需要配备照明手电筒或低压安全行灯。

（8）在接触腐蚀性化学介质的工作中，需要配备个人防护用的便携式安全水淋头。

三、安全防火防爆

在石油化工厂进行设备检查工作中，必须十分重视安全防火防爆，应严格遵守以下规定。

(一) 严格遵守《防火、防爆十大禁令》

设备检查人员进入具有易燃、易爆的石油化工现场进行工作，首先应严格遵守《防火、防爆十大禁令》。这十大禁令：

(1) 严禁在厂内吸烟及携带火种和易燃、易爆、有毒、易腐蚀物品入厂。

(2) 严禁未按规定办理用火手续，在厂内进行施工用火或生活用火。

(3) 严禁穿易产生静电的服装进入油气区工作。

(4) 严禁穿带铁钉的鞋进入油气区及易燃、易爆装置内。

(5) 严禁用汽油、易挥发溶剂擦洗设备、衣物、工具及地面。

(6) 严禁未经批准的各种机动车辆进入生产装置、罐区及易燃易爆区。

(7) 严禁就地排放易燃、易爆物料及化学危险品。

(8) 严禁在油气区内用黑色金属或易产生火花的工具敲打、撞击和作业。

(9) 严禁堵塞消防通道及随意挪用或损坏消防设施。

(10) 严禁损坏厂内各类防爆设施。

(二) 了解石油化工厂安全防火、防爆措施落实情况

进入油品加工或化工生产具有易燃、易爆物质的区域进行工作，必须对该区域有关安全防火、防爆措施的落实情况进行详细的了解，并根据以下条件，做出可靠的判断：

(1) 了解所在区域油品、气体或某些易燃、易爆物质的蒸气的特征。

(2) 了解所要进行工作的区城，存在易燃、易爆气体或蒸气混合物的可能性。

(3) 了解所要进行的检查工作，导致引燃的可能性。

(4) 充分了解所要进行的检查工作已考虑了所有可能引燃的条件和因素，并已采取了必要的安全防火、防爆措施，现场未发现可能改变工作环境的任何可疑的条件。

根据了解判断该工作区域的安全防火、防爆措施确实落实后，按规定办理安全作业票(工作许可证)后，方可开始工作。

四、有害物质的安全防护

在设备检查工作中，势必会接触到有害物质存在的环境，因而对检查人员来说，熟悉了解有害物质的安全防护是十分必要的。

(一) 烃类蒸气

检查人员进入油罐和石油化工容器时，对于石油蒸气、有毒气体的危害和必须具有充足的氧气应予特殊考虑是首屈一指的重要问题。必须要有足够的空气供检查人员呼吸，否则必须使用合格许可的呼吸器具，还必须进行认真检验，防止有潜在着火的危险。检验烃类蒸气的唯一安全方法是使用合格的可燃气体指示器。检查人员必须精通这种仪器的操作，并能够正确地对结果加以说明。这种仪器应遵照制造厂推荐的方法进行定期检验标定。

为了做好安全准备工作的检查和验收，检查人员应具有烃类蒸气在空气中不同浓度的毒性和着火危险的潜在性方面的常识：

(1) 在有混合芳香烃的汽油中，如有苯存在，其蒸气浓度的安全许可值就相当低；通常汽油中的其他芳香烃是甲苯和二甲苯，它们的毒性大大低于苯。当已知或怀疑有苯或其他芳香烃存在时，应该采用具有一定灵敏度和选择性的检验方法。

(2) 当有多种烃类蒸气存在时，应考虑各种烃类蒸气的联合效应，而不是仅考虑单一组分的效应。通常应将不同组分的效应按叠加法来考虑。

(3) 当人们吸入高浓度的石油蒸气，如汽油蒸气时，会出现中毒的症状，从轻微头昏到兴奋，以至于可能失去知觉，类似于酒精或麻醉气体所引起的症状；处于高浓度烃类蒸气中的人，即使是短时间也可能丧失正常的判断力，不能使自己撤离污染区。

(4) 液态烃是石油化工厂常见的一种液化石油气，它无色透明，具有烃类特殊气味，在常温常压下极易挥发，汽化后体积能迅速扩大 250～350 倍。它与空气混合能形成爆炸性混合物，一旦遇到火星或高热就有爆炸、燃烧的危险。因为它比空气重，往往停滞聚集在地面的空隙、坑、沟、下水道等低洼处，一时不易被风吹散。其爆炸的威力大，破坏性也就很强。如由液态急剧减压变为气态，大量吸热，结霜冻冰，一旦人身接触，就会造成冻伤。高浓度的液化石油气大量吸入体内，就会中毒，使人晕迷、呕吐，严重时可使人窒息死亡。因而，如工作中接触到有液态烃存在的地方，就应及早采取措施，防止造成危害。

（5）如果在某些场合检验发现氧气的浓度低于正常的21％时，必须进一步检验以确定是否有其他危害性气体如氢气、硫化氢、氰化氢、二氧化硫、一氧化碳、二氧化碳或烃类蒸气存在，如果超过了一定的浓度极限，也是危险的。

（6）应保证工作区域充分通风。在允许进入某一区城工作之前，不可能将这个区域气体全部排掉。在进行工作时，从氧化皮或残渣中会陆续释放出少量的气体或蒸气。因而在工作过程中必须保证有充分的通风，以便使蒸气被空气气流冲淡，不致于发展到危险的浓度。另外，应采取措施尽量对氧化皮、焦炭或污垢、残渣清除彻底。实在有困难时要用水覆盖，以免有油品或其他污物积留其中。

（7）警惕死角滞留油品，散发烃类蒸气。带有衬里的复合壳壁板之间、打有孔眼的底板下方，以及悬挂管线的吊架等带有凹槽、隙缝、小空间的地方都会滞留油品。这些死角地方往往不会吹扫得干净彻底。因此检查人员必须进行检查，以确定这些部位没有被忽视。可以通过翻看该容器、设备的结构图纸，更好地了解其内部结构，查阅可能有哪些死角会有油品积存。有双层底板的油罐或带有衬里的容器会积存油品，一般不仔细检查可能注意不到。

（8）如果检查人员要在操作运行中的设备邻近的油罐或容器中进行工作，必须采取适当的安全防护措施，以确保一旦发生紧急情况时的安全：

①避免将烃类蒸气或气体抽送进正在进行工作中的油罐或容器。

②避免使新鲜空气通风机的空气吸入口遭受污染，并避免在使用中将其电动机关闭。

③必须考虑有方便撤离的安全通道。

④建立必要的警报系统，对发生紧急情况时提出警报，并发出信号使其从油罐或容器安全撤离。

(二) 硫化氢

硫化氢是毒性很强的气体。它的密度是空气的 1.191 倍。其爆炸极限为 4.3% ~ 45%。在低浓度下，可根据其"臭鸡蛋"味很容易辨出来。然而，硫化氢的气味浓度越高（100 ~ 200 ppm 或更高），越使嗅觉神经的灵敏度降低，从而使人的嗅觉失灵，以至于不再能注意到它的气味。对处于连续工作 8 h 环境的人，硫化氢在空气中的临界极限是 10 ppm。应频繁地检查气体的浓度，以确保不超过这一极限。

设备检查人员应具备有关硫化氢性质的知识，熟知如何检验硫化氢，并能对检验结果加以说明，以免工作中遭受危害。

(三) 硫化铁

设备检查人员常常遇到的硫化铁是一种腐蚀产物，能够自燃。它可能在盛装含有高硫的所谓酸性物料的容器或油罐的壁上形成。在有通风口与空气接触的设备中，硫化铁通常被氧化成氧化铁锈。在充满气体几乎没有空气存在的油罐或设备中，硫化物会大量形成。如果在准备进入前，对这样的设备通入空气进行吹扫，设备中的蒸气混合物会在吹扫的某个阶段达到其燃烧极限，处于空气中的硫化铁就会立即自燃。这种引燃会使设备中的易燃气体着火或爆炸。因而对这些设备做准备工作时，应采取一些特殊的安全措施。另外，安全地清除具有自燃性质的硫化铁的氧化皮或铁锈也十分重要。在将其清除到安全区域或掩埋之前，必须使其保持潮湿，以防止引燃着火。

(四) 其他有害物质

在石油化工厂进行设备检查的人员，在现代化的复杂工艺设备中，在一些特殊场合还可能遇到其他有毒、有害的物质。这里包括氢气、一氧化碳、二氧化硫、各种酸、氰化氢、砷化氢、氯甲烷、苯、芳香烃、氨蒸气、酚、惰性气体、各种催化添加剂以及工业试剂等。其中一些是石油化工工艺中不可分割的一部分，另一些则是反应产物。

有些是检查人员事先可以预料到的问题，就要及早采取安全防护措施，以便在进行检查工作时，不会发生事故或伤害。对于一些新的工艺，事先不熟悉或缺乏这方面的经验时，不能要求检查人员完全能预料到可能遇到的问题，采取相应的安全措施。因而，现场的领导、技术人员和消防及安全管理人员有责任说明情况，协助检查人员共同研究采取必要、切实可行的安全措施。检查人员如有疑问和不清楚的地方，都应及时向其他有关人员请教。

五、安全作业许可

进入有毒、有害及危险地区进行工作，要获得许可，发给安全许可证，方可进行作业。安全许可证也称"安全作业票"或"安全工作票"，是保证工作及人身安全十分重要的一种证明。办理安全许可证是进行设备检查工作程序中不可缺少的一环。石油化工厂《人身安全十大禁令》中，明确指出：

（1）未办理安全作业票及不系安全带者，严禁高处作业。

（2）未办理安全作业票，严禁进入塔、容器、罐、油舱、反应器、下水井、电缆沟等有毒、有害、缺氧场所作业。

（3）未办理维修工作票，严禁拆卸停用的与系统连通的管道、机泵等设备。

（4）未办理电气作业"三票"，严禁电气施工作业。

（5）未办理施工破土工作票，严禁破土施工。

在厂内动火要遵守《安全用火管理制度》，根据用火部位及危险程度，用火分为"三级"，用火审批的权限按三级，规定分别由生产车间、施工单位、厂部安全技术监督部门、消防队等按制度要求现场检查审批、签发动火许可票。《防火、防爆十大禁令》中明确规定"严禁未按规定办理用火手续，在厂内进行施工用火或生活用火"。

设备检查人员进行有关工作，均应按照规定办理有关安全作业票，获准工作许可后，方可进行工作，以保证作业时的人身安全。

第二章

石油化工通用设备

第一节　石油化工常压容器

石油化工厂生产装置中的储罐主要用于储装原油、中间和成品油、石化产品、各种气体和化工原料以及各种品质的工业用水。根据介质的性质、体积、压力的不同，储罐的结构、尺寸、材质也不同。本章所涉及的是设计压力低于 0.1 MPa 的储罐。设计压力大于等于 0.1 MPa 的储罐属于压力容器，其结构的设计及使用管理方面的要求均与非压力容器有很大的区别，属于压力容器范畴的储罐的内容。

储罐的气相侧压力与大气压相同或小于 1/3 大气压（表）时，称为常压储罐；大于 1/3 大气压（表）、小于 0.1 MPa 时，称为低压储罐。

当介质具有腐蚀性时，视介质的腐蚀性特点，通常采用内壁涂以防腐蚀涂层或整体采用耐蚀材料制作两种方法。内壁采用的防腐蚀涂层通常有环氧树脂、乙烯树脂、富锌漆等。整体采用耐蚀材料制作的材料，通常有玻璃纤维加强的工程塑料、浇灌或喷铸的混凝土、铅、合金钢、铝、橡胶或搪瓷等。

大多数储罐都配有如液位计、呼吸阀、排放设备、扶梯、人孔、加热器等辅助设施。有时，当介质的工作温度与大气温度差别较大时，其外壁还要加绝热层以保温或保冷。

一、常压储罐

常压储罐通常用于储存原油、汽油、煤油、石脑油以及各种不具有挥发性的化学品。常压储罐的工作压力与储存介质的蒸发压力相一致，介质的储存温度决定了其蒸气的蒸发压力。当介质的储存温度过高或进液进气速度过快，蒸气压力大于储罐的设计压力时，可通过泄压阀或呼吸阀排出蒸气，以防止因超压而损坏；当储存的温度过低或排液、排气的速度过快，罐内气相侧压力下降，以至形成过高的真空度时，可通过打开放空阀或呼吸阀从储罐外吸入蒸气或空气，以防止储罐被大气压瘪。

几种主要的常压储罐的种类中，最大的锥顶罐的直径可达 90 m，高可达约 20 m。锥顶罐与拱顶罐都属固定顶式储罐。与之不同的是浮顶罐，浮顶罐主要分两种，一种是外浮顶罐，另一种是内浮顶罐。浮顶罐主要用于储存挥发性的介质，如各种成品油。由于采用浮顶的方式可以明显地减小介质蒸发的面积及蒸发空间，又由于浮顶与罐壁间有良好的密封性能，使介质在储存过程中的蒸发损失明显地减少。

浮顶罐的罐壁及罐底的结构型式与固定顶式储罐很相似。浮顶罐的浮顶结构种类较多。浮顶随液面的升降而上下浮动。为保证浮顶与罐壁之间能很好地密封，采用了各种形式的密封结构。

常压储罐中还有一类称为低温常压储罐。

二、低压储罐

低压储罐的工作压力高于常压储罐，但是低于 0.1 MPa。由于它承受比常压储罐要高的压力（常压储罐也承受压力，其压力主要由介质的液体的静压所产生），其材质一般均为碳钢。并采用焊接而成。其结构上也采用了尽可能降低应力分布不均匀的形式。一般常见为立式或卧式的圆柱形储罐。另一种大型的低压储罐，称为多弧滴形罐。

低压储罐主要用于盛装挥发性很强的介质。在介质的储存温度下，这种储罐的气相存在一定的压力，其大小等于该温度下储存介质的蒸发压力。汽油、轻质石脑油以及各种蒸发性能较强的化学品等，都需用低压储罐来盛装。

第二节　换 热 器

石油化工厂常用的换热设备有各种各样的热交换器、冷凝器、冷却器、加热器及废热锅炉等。

热交换器的作用是将两种不能互相混合的流体通过热量交换，将热量从一种流体传递到另一种流体，从而使希望得到冷却的流体的温度降低，同时也使希望提高温度的流体的温度上升。

冷凝器的作用是通过传热，将一种介质的蒸气的温度降至能使其变为液体的温度。有的还可以将冷凝液的温度降至比其冷凝温度更低。

冷却器的作用是通过传热，使热的液体的温度下降，或有时使气体冷却；加热器则是用来加热，使冷的液体或气体温度上升。

废热锅炉为利用介质的余热，通过热量交换作用，预热锅炉给水或发生蒸汽的换热设备。

一、热交换器的分类

石油化工厂所用热交换器，通常又称换热器，按其结构形式分有许多种，每一种都有其特点，以适应不同工况的要求。换热器的管子与管板的连接方式，可以是焊接、胀接或由填料压盖固定。采用何种连接方式，不仅取决于工况的要求，也取决于材料及制造加工的手段等。

二、普通管壳式换热器

普通管壳式换热器为石油化工厂常见、大量应用的换热器。普通管壳式换热器一般可分为以下几种类型。

(一) 两端固定管板式换热器

这种固定管板式换热器，两端的管板均与壳体焊成一体。由于管板相对于壳体不能有位移，所以这类换热器只能用于管壳侧介质的温差较小的情况。如果管壳侧介质的温差较大时，可采用壳体带有膨胀节的固定管板式换热器。由于膨胀节的承压能力有限，这种结构的换热器其壳程一侧压力较低。膨胀节的型式也有多种。

管板的型式较多，有的是以法兰连接的方式与承压壳体端头相配，也有的是管箱的一部分。管箱和封头可以分为几组通道，这样可以使进入管箱内的介质由一部分管子流出，从另一部分管子返回管箱。壳程一侧的折流板布置决定了壳程一侧介质的流向及分布。介质在管箱及管子内流向的布置及壳程一侧介质的流向布置都视管壳两侧介质温差及流量的要求而定。近些年来开发应用的折流杆换热器，较过去的折流板换热器，传热效果的阻力都有了改进。

(二) 一端固定、一端浮动式管板换热器

当壳程一侧的介质压力很高，管程及壳程两侧介质温差较大时，通常采用一端管板与壳体固定，另一端管板与壳体有相对位移的所谓浮头式换热器。

(三) U 形管式换热器

U 形管式换热器一端为固定管板，与承压壳体相连接，管束的另一端为 180° 的 U 形弯管。由于 U 形管束的一端可在承压壳体内随管束作相对于承压壳体的热胀冷缩的自由伸缩，因此，它与浮头式换热器一样，适用于管束与承压壳体的温差大、温度变动大的工况。由于不易对 U 形管内进行清洗，所以 U 形管式换热器一般适用于管内介质比较干净的场合。有一种由许多根内插式套管组成的管束换热器，与 U 形管束一样，其一端也可自由伸缩。

(四) 双管板式换热器

在少数情况下，当生产工艺对管程、壳程换热的两种介质相互间的渗透及泄漏有严格限制时，采用了双管板结构形式。在管束的端部，采用了两个相距很近的管板，管子端部同时胀接到两个管板，外管板与管箱相连，内管板与承压壳体相连。这种结构布置可以保证从胀接处泄漏的介质只会存在于两管板之间的与外界大气相通的常压空间，不会进入另一侧介质内。只要管子本身不发生损坏，就可以完全避免两种介质的相互污染。这种结构仅适用于无浮动管板的场合，因此，它只适用于 U 形管式及两端固定式管板换热器。

(五) 重沸器和蒸发器

重沸器和大部分蒸发器的结构也属于管壳式换热器的范畴，只是重沸器和大部分蒸发器的管束上方有较大的蒸发空间，蒸发器在壳程或管程一侧存在介质的沸腾及蒸发过程。

三、裸露式无壳体换热器

裸露式无壳体换热器主要用于对管束内介质的冷凝或冷却。冷却的方式可以是喷淋，也可以是浸没在液体中。因此，有时将它作为一种加热器来使用。

(一) 凉水塔下裸露式换热器

将裸露式换热器置于凉水塔的下部，从凉水塔顶淋下的水流过换热器的管子的外表面，水被加热后流到凉水塔的底部，通过泵的作用送回到凉水塔顶，热水自塔顶淋下的过程中温度降低，反复使用。这种冷却方式在大气的相对湿度低、水的自然蒸发冷却效果好的地区最为有效。

(二) 喷淋冷却裸露式换热器

水从管束的上部的若干个喷淋头中喷出，均匀流经各管子表面后经水收集槽汇入接收池，在接收池内的热水只靠自然冷却后循环使用。在水源充分的场合，接收池的水直接排至下水道。

(三) 浸没裸露式换热器

浸没裸露式换热器常将裸露的管束置于水箱或储罐中用作冷却器。管束可以垂直也可以水平布置。热的介质自管束的上部均匀流入，自下部流出。管外的水或冷却介质自水箱或储罐的底部流入，自上部溢流流出。

浸没冷却方式主要用于当冷却水或冷却介质突然停止循环或停止供应，管内介质温度因此可能降不下来时会发生危险事故的场合。因为此时水箱或储罐中的存水或冷却介质还可使管内需冷却的介质在某一段时间内仍能得到适当的冷却，以便操作人员在这段时间内可采取紧急措施处理。

浸没裸露式换热器也常用来加热油品或其他介质，这时管束内的介质为蒸汽或其他热载体。油罐抽吸加热器即为浸没裸露式换热器用作储罐加热的一个实例。

四、空气冷却器

空气冷却器实质也属于裸露式换热器的范畴，只不过它使用空气作为冷却介质。在钢架上放置管排，用置于管排上部或下部的风扇将风吹过管子。这种空气冷却器可用于蒸汽或液体介质的冷却或冷凝。它一般用在水源比较缺乏的场合。有时，为了提高冷却效果，还配有水的雾状喷淋装置，称为增湿空冷器。

五、单管式换热器

管束只为一根管程时，称为单管式换热器。单管式换热器又可分为套管式及单根裸露式。

（一）单根套管式换热器

当所需要的换热面积小时，往往采用单根套管式换热器，因为这种形式造价更低。有时，当换热管外的压力很高，或管内外的压差很大时，出于结构强度上的要求，也采用单根套管式换热器。

（1）用于清洁介质的套管式换热器。这种换热器由一个大管套和一个小管组成。管子的端部与同样形式的弯头相连或仅有内管与180°弯头相连。根据需要的换热面积，确定相连的管子及弯头的数量。在串联起来的管子的两端，其内管长出外管一段。外套管侧面开口，与内外管之间的空间相通。合成氨装置中的高压冷却器，以及高压聚乙烯装置中的管式反应器，均属此种结构。

（2）用于不清洁，或介质有沉积物质的套管式换热器。这种换热器的总体结构与清洁介质套管式换热器一样，只是在内管中装有一个不断缓慢转动的清管器。清管器由一根长度比内管长的轴及形状由沉积物的特性所决定的刮板组成。清管器通过链轮、链条由电机带动。炼油装置中的石蜡结晶冷却器即属此种型式。

（二）单管裸露式换热器

单管裸露式换热器实质上是一种浸没裸露式换热器。从其结构上看，基本的形状为一根连续弯曲的盘管。管中的介质有的需要加热，有的则需要冷却。

1. 用以冷却盘管内的介质

水箱式冷却器，由一个或多个盘管安装在一个通冷却水的水箱内，盘管安装在箱体的支架上，可自由膨胀和收缩，冷却水从箱体的下部进入，从上部的溢流口流出。需要冷却的介质由盘管内部流过。

2. 用以急冷盘管外的介质

盘管装于一筒形容器中，用于将盘管外的介质冷却到常温以下，冷冻介质在管内循环。盘管在容器内可以是沿容器内壁自下而上环绕，也可以呈螺旋状盘绕置于容器底部。

3. 用于储罐加热

盘成片状时盘管于储罐底部的大部分区域，一般常见的有螺旋盘管式、U 形盘管式及圆环集合管式。如果要在储罐的底部全部设置加热盘管，可用一些弯头及直管将若个盘管串联起来，加热用的蒸汽从盘管的一端进入，从另一端变成冷凝水流出。这种用途的盘管通常置于罐底的支架上，入口比出口稍高一些，以利盘管中冷凝水的排出。也有在储罐内，将加热盘管盘成方箱式外形，并置于储罐的入口。

进入罐内的介质首先经这种方箱式外形的盘管加热后再进入储罐。加热用的蒸汽从盘管上部进入，变为冷凝水后从其下部通过疏水器排出。此种盘管安装时同样要有一些倾斜，以利冷凝剂的排出。

六、异形管换热器

将组成管束的普通光管改为异形管，由于增加了传热面积或强化了传热，可明显地提高换热效率。异形管的种类很多，有的可以是增加传热面积的各种形式的翅片管，有的可以是靠强化介质的湍流来提高传热效率的变径管。

上述异形管虽然能提高传热效率，但是也会因此增加一些不利因素。譬如，如果介质太脏，就会有翅片上易堵塞、堆积污垢、不易清洗等问题。内翅片或变径的管子会存在阻力增加等影响。

七、板式换热器

普通的板式换热器由一层薄板、一层波形板重复叠合而成，而螺旋板式换热器则完全靠卷板将两种换热的介质分开。

由于两种介质之间的传热面积明显地增加，在同样传热面积的前提下，板式换热器的外形尺寸可明显地减小。但是，板式换热器也有其不利之处：由于通道窄小，如果介质不干净，很易堵塞。对于可拆装式板式换热器，由于每片层板很薄，板与板之间密封的可靠性差一些，承受的压力、压差的范围也小一些，一般在 4 MPa 左右。与之相比较，钎焊的板翅式换热器的工作压力较高。板翅式换热器的传热面由多层（传热单元）重叠组成，每层包括一块波形翅片板。它夹在两块金属平隔板之间，两侧由槽钢或扁钢密封，形成流体流动的一个通道。

八、废热锅炉

当换热器利用余热预热锅炉给水或产生蒸汽时，即成为废热锅炉。用于预热锅炉给水时，其结构要求与一般换热器区别不大；而用于产生蒸汽时，从装置加工工艺的角度看，它是一台换热器，但从热力系统范围看，它又是一台产生蒸汽的锅炉。因此，石油化工厂装置中的产汽废热锅炉，从其对结构的要求看，它不仅要满足换热的要求，同时还应满足包括汽包、废热锅炉本身、水汽管网在内的热力水汽循环系统的要求，其中，尤其应重视的是应满足水汽循环倍率的相应要求。更具体地说，不仅废热锅炉的整体水循环倍率要达到与之结构相对应的最低循环倍率，同时，它的每一个受热的部件及每一部位的水循环状况，也应达到相应的要求。工艺侧气体的温度越高，产生蒸汽的位能越高，对废热锅炉从结构到材质的要求也越高。

(一) 合成氨及制氢装置中的转化炉和制氢炉出口气体的废热锅炉

合成氨装置的二段转化炉的出口工艺气体温度约为 1000 ℃，制氢装置制氢炉的出口工艺气体温度约为 780 ℃。通常，均将这部分高温气体用于废热锅炉产生 6 ~ 10 MPa 的蒸汽。

由于工艺气与水汽的温差达 600 ~ 700 ℃，从换热器的角度看，不能采用两端固定管板式结构。由于两侧的压力都在 2.5~10 MPa，所以通常都采用了管束的一端可自由伸缩的结构形式。由于工艺侧气体温度很高，与水侧的温差也大，水侧的汽化很剧烈，为改善水汽循环状况，通常将这两种结构的换热器竖直放置，同时，在工艺气侧的承压壳体内壁，衬以耐火隔热材料。

近年来，国内外的上述合成氨生产装置也有采用火管式废热锅炉的事例。与水管式废热锅炉相比，火管式废热锅炉的水汽介质，由管程改为壳程，其流动的空间明显增大，水循环的条件得到了很大的改善。另一方面，由于管箱及管板改为承受高温，壳程一侧压力增大，承压筒体的壁厚加厚、刚性加大，使管子与管板连接处的应力、温度等条件更为苛刻，为此，采用了挠性薄管板结构。管子与承压筒体之间温度差引起的长度差，可以靠管板变形来补偿。管板很薄，可明显降低管板及管子与管板连接焊缝的温度，降低了管板的热应力。管板承受很大的由高压水产生的轴向作用力主要靠换热管来承担，即换热管起着管板的"拉筋"作用。每一根换热管都承受与其管端相连的那一部分管板所承受的介质压差所产生的作用力。这种结构在各管子间的伸长量不一致时，管板及管子与管板连接焊缝处的受力状况将会明显恶化，管板也会因此而变形。当进入废热锅炉内的工艺气体流量过低时，或管子的结构情况不相同时，可能因温度不同而导致管子的伸长量不一致。管子伸长量不一致的结果是管板将承受过大的应力而变形。当某根管子因本身的缺陷而失效需修理时，不能简单地用堵管的办法来处理，一般应采取换管或代之以一条直径相当的拉杆。当设备的轴向尺寸过大时，管子与筒体的温差引起的长度差也会相应增大。使管板的 R 处的应变过大。为此，这种废热锅炉的轴向尺寸一般不宜超过 6 m。因而当换热面积过大时，有时是用两台串接的办法来解决。

另一种火管废热锅炉的管板结构形式，称作刚性薄管板。薄管板承受的两侧压差不由管子承受，而是通过与管板焊在一起的短拉杆，将管板受到的压差作用力传至钢性厚管板，然后又通过筒体上的凸环将轴向作用力作用于筒体的两端。筒体的壁厚及长度决定了筒体在受到上述的两端轴向拉伸作用力后的变形能力。由于正常运行时管子的温度高于筒壁温度，两者因温差所产生的长度差若能与筒体受两端的拉力后产生的变形相一致，那么，从理论上讲，管子与管板之间的连接焊缝可以不受或明显地少受挠性薄管板的管子与管板连接焊缝所受到的轴向拉力。这种型式的废热锅炉的设计正是按这一原理设计的。但是，当两侧的压力、温度与设计工况不一致时，筒体的受力后的轴向伸长量与管子相对于筒体的由温差引起的伸长量就不会是一致的。只要存在这种轴向长度的不一致，在管子与管板的连接焊缝，这一废热锅炉的薄弱环节，就会因此受到额外的附加应力。实际工况与设计工况相差越多，这种应力就越大。事实上，装置从开工到停工，实际工况是无法与设计工况相一致的。因而，开停工时利用这一原理，通过计算变形量，合理选择两侧介质的工况条件，设法降低管子与管板间焊缝受到的应力是十分重要的。

（二）乙烯裂解炉出口的急冷废热锅炉

乙烯装置中的裂解炉的出口气体温度为 800～900 ℃，气体的流速很快，对压降的要求是尽可能地低，为此，目前的乙烯装置急冷废热锅炉都采用直管式火管锅炉形式。

多根双套管组成管束的废热锅炉，内套管内通过高温的裂解气，外套管与内套管之间的空间是水、汽通道。内管的壁温高于外管，运行时内外套管之间存在由温差所产生的长度差。为此，设计上采用了将压扁管作为其进出水及水汽的通道。通过压扁管的变形来补偿内外套管由温差引起的长度差，使管子端部的焊缝受到的应力尽可能减小。由于内管较薄，其入口端管外的水循环空间小，加之管内气体流速高、温度高，使内管管端的工作条件很苛刻。气体流速高，对其管端内壁产生冲刷磨损严重，入口端内管外壁汽化剧烈，易结垢而使入口管端超温而氧化。两者的结果使入口端内管管壁的减薄明显快于管子的其他部位，失效往往从该部位首先开始。

有大直径单根的由内外套管组成的乙烯急冷锅炉。由于管的内径加大，内外管的壁厚也相应加厚，使内套管的磨损余量及氧化余量均可相应增加。为减小内外套管因温差产生的应力，在其制造时就预先使内套管承受一定量的拉应力，外套管承受相应的压应力。这种大直径单根形式的急冷锅炉的冷却面积虽比多根小直径的面积要少一些，但是其运行的可靠性却相对高一些。

九、蒸汽表面冷凝器

蒸汽表面冷凝器的作用是将蒸汽透平的排汽冷却成冷凝剂，所以其管程壳程两侧介质的压力及温度都比较低，通常两端均为固定管板的形式。由于设备的尺寸一般都较大，为降低管程及壳程温差引起的管子与管板连接处的应力，壳程一侧都设有膨胀节。蒸汽表面冷凝器常用的几种结构形式中单程的形式适用于水量大、冷却水温升小的场合，通常用于作为冷却水进入装置后首先通过的冷却设备。多程形式适用于水量小、水的温升较高的场合，经过这类结构形式的冷凝器的冷却水一般不作两次使用，直接回凉水塔再循环使用。

当冷凝器与蒸汽透平排汽口之间设有膨胀节时，它可以吸收自透乎排汽缸的支承点至冷凝器支座这一段包括设备及接管在内的热膨胀量，但是，在启动过程中随着冷凝器壳程的压力由常压降至正常的真空度，蒸汽透平的排汽端将承受一个额外的由透平缸内真空所产生的缸内外压差引起的一个向下的大气作用力，冷凝器受到一个同样大小的额外向上的大气作用力。前者由透平的排汽缸支座所承受，后者由冷凝器的基础承受。对不设膨胀节的接管形式，自冷凝器由常压到建立真空的过程中，透平排汽缸和冷凝器因内外压差形成的额外作用力通过接管互相平衡，透平的排汽缸支座因此不会受到前述的额外的向下的作用力。但是，自透平排汽端支座至冷凝器支座为止的这段设备及接管的受热后的膨胀量全部由冷凝器底座的弹簧变形来补偿。弹簧变形量的改变所引起的弹簧支承力的变化，最终还是会以附加力的形式作用于透平的排汽端。但是，比起设置膨胀节的情况，这种力要小得多。

第三节　塔　设　备

一、塔设备概述

进行传质、传热的设备称为塔设备。塔设备是化工生产中必不可少的大型设备。在塔设备内气液或液液两相充分接触，进行相间的传质和传热，因此在生产过程中常用塔设备进行精馏、吸收、解吸、气体的增湿及冷却等单元操作过程。

塔设备在生产过程中维持一定的压力、温度和规定的气、液流量等工艺条件，为单元操作提供了外部条件。塔设备的性能对产品质量、产量、生产能力和原材料消耗，以及三废处理、环境保护等，都有重要的影响。据统计，一般塔设备的投资费用约占化工装备投资总费用的25%～35%，有时高达50%，钢材消耗占全厂设备总重量的25%～30%。

(一) 化工生产对塔设备的基本要求

(1) 生产能力大。在较大的气、液负荷或波动时，仍能维持较高的传质速率。

(2) 流体阻力小，运转费用低。

(3) 能提供足够大的相间接触面积，使气、液两相在充分接触的情况下进行传质，达到高分离效率。

(4) 结构合理，安全可靠，金属消耗量少，制造费用低。

(5) 不易堵塞，容易操作，便于安装、调节和检修。

(二) 塔设备的分类及一般构造

塔设备的分类方法很多，如根据单元操作的功能可把塔设备分为吸收塔、解吸塔、精馏塔、萃取塔和洗涤塔等，根据操作压力可把塔设备分为减压塔、常压塔和加压塔等。

1. 按用途分类

(1) 精馏塔。利用液体混合物中各组分挥发度的不同来分离其各液体组分的操作称为蒸馏，反复多次蒸馏的过程称为精馏，实现精馏操作的塔设备称为精馏塔。如常减压装置中的常压塔、减压塔，可将原油分离为汽油、煤油、柴油及润滑油等；铂重整装置中的各种精馏塔。可以分离出苯、甲苯、二甲苯等。

(2) 吸收塔、解吸塔。利用混合气中各组分在溶液中溶解度的不同，通过吸收液体来分离气体的工艺操作称为吸收；将吸收液通过加热等方法使溶解于其中的气体释放出来的过程称为解吸。实现吸收和解吸操作过程的塔设备称为吸收塔、解吸塔，如催化裂化装置中的吸收塔、解吸塔，从炼厂气中回收汽油、从裂解气中回收乙烯和丙烯，以及气体净化等都需要吸收塔、解吸塔。

（3）萃取塔。对于各组分间沸点相差很小的液体混合物，利用一般的分馏方法难以奏效，这时可在液体混合物中加入某种沸点较高的溶剂（称为萃取剂），利用混合液中各组分在萃取剂中溶解度的不同，将它们分离，这种方法称为萃取（也称为抽提）。实现萃取操作的塔设备称为萃取塔，如丙烷脱沥青装置中的抽提塔等。

（4）洗涤塔。用水除去气体中无用的成分或固体尘粒的过程称为水洗，所用的塔设备称为洗涤塔。

这里需要说明一点，有些设备就其外形而言属塔式设备，但其工作实质不是分离而是换热或反应。如凉水塔属冷却器，合成氨装置中的合成塔属反应器。

2. 按操作压力分类

塔设备根据其完成的工艺操作不同，其压力和温度也不相同。但当达到相对平衡时，压力、温度、气相组成和液相组成之间存在着一定的函数关系。在实际生产中，原料和产品的成分和要求是工艺确定的，不能随意改变，压力和温度有选择的余地，但二者之间是相互关联的，如一项先确定了，另一项则只能由相平衡关系求出。从操作方便和设备简单的角度来说，选常压操作最好，从冷却剂的来源角度看，一般宜将塔顶冷凝温度控制在 $30 \sim 40 ℃$，以便采用廉价的水或空气作为冷却剂。所以塔设备根据具体工艺要求，设备及操作成本综合考虑，有时可在常压下操作，有时则需要在加压下操作，有时还需要减压操作。相应的塔设备分别称为常压塔、加压塔和减压塔。

3. 按结构形式分类

塔设备尽管其用途各异，操作条件也各不相同，但就其构造而言都大同小异，主要由塔体、支座、内部构件及附件组成。根据塔内部构件的结构可将其分为板式塔和填料塔两大类。塔体是塔设备的外壳，由圆筒和两封头组成，封头可是半球形、椭圆形、碟形等。支座是将塔体安装在基础上的连接部分，一般采用裙式支座，有圆筒形和圆锥形两种，常用的是圆筒形，在高径比较大的塔中用圆锥形。裙座与塔体采用对接焊接或搭接焊接连接，裙座的高度由工艺要求的附属设备（如再沸器、泵）及管线的布置情况而定。

在板式塔中装有一定数量的塔盘，液体借自身的重量自上而下流向塔底（在塔盘板上沿塔径横向流动），气体靠压差自下而上以鼓泡的形式穿过塔盘上的液层升向塔顶。在每层塔盘上气、液两相密切接触，进行传质，使两相的组分浓度沿塔高呈阶梯式变化。填料塔中则装填一定高度的填料，液体自塔顶沿填料表面向下流动，作为连续相的气体自塔底向上流动，与液体进行逆流传质，两相组分的浓度沿塔高呈连续变化。

（三）塔设备的工作过程

1.塔设备工艺术语

（1）溶液的沸腾。不同性质的液体在同一压力下其沸点是不同的，所以两种以上相互溶解的液体组成的溶液，在同一压力下各组分的沸点自然也是不相同的。沸点低的组分其挥发度高，因此同一压力和温度下，其在溶液所形成的蒸气中的分子比例大于它在溶液中的分子比例，而沸点高的组分由于挥发度低，故在溶液蒸气中的比例小于其在溶液中的比例。利用溶液的这一特性，通过在一定压力下加热的方式，可将溶液中各组分相互分离。

（2）溶液的相平衡。在气、液系统中，单位时间内液相汽化的分子数与气相冷凝的分子数相等时，气、液两相达到一种动态平衡，这种状态称为气、液的相平衡状态。这时其系统内各状态参数，如温度、压力及组成等都是一定的，不随时间的改变而改变。液相中各组分的蒸气分压等于气相中同组分的分压，液相的温度等于气相的温度，当任一相的温度变化时，势必引起其他组分量的变化。

（3）传质。在炼油、化工生产中，将物质借助于分子扩散的作用从一相转移到另一相的过程称为传质过程。液体混合物的蒸馏分离，利用液体溶剂的选择作用吸收气体混合物中的某一组分，利用萃取方法分离液体混合物的过程等，都属于传质过程。

（4）蒸馏。通过加热、汽化、冷凝、冷却的过程使液体混合物中不同沸点的组分相互分离的方法称为蒸馏。若液体混合物中各组分沸点相差较大，加热时低沸点的组分优先于高沸点的组分而大量汽化，则易于分离。但若液体混合物中各组分沸点相差不大或分馏精度要求较高，采用一般的蒸馏方法效果不好，这时应采用精馏的方法。精馏就是多次汽化与冷凝的一种复杂的蒸馏过程，也可以看成是蒸馏的串联使用。因为通过蒸馏 (精馏) 可以将不同组分相互分离，所以这种方法也称为分馏。

(5) 原油的馏程。原油是烃类和非烃类组成的复杂混合物，每一种成分都有其自身的特性，但许多成分其沸点、密度等物理特性都很相近，若要将其逐一分离出来是很困难的，也是没有必要的。在实际生产中是将原油分为几个不同的沸点范围，加以利用，如原油中沸点在 40～205 ℃的组分称为汽油；180～300 ℃的组分称为煤油；250～350 ℃的组分称为柴油；350～520 ℃的组分称为润滑油；520 ℃以上的组分为重质燃料油。这些温度范围称为馏程，在同一馏程内的馏出物称为资分。

2. 分馏塔的工作过程

在化工生产中，无论是精馏还是吸收、解吸或萃取，其目的都是为了使混合液中不同馏程的组分得以分离。故这些过程都称为分馏过程，所以在化工厂中使用最多的也就是各种分馏塔，其结构形式以板式塔居多。现以常压分馏塔为例说明塔设备的工作过程。

原油是由许多分子量不同的碳氢化合物组成的混合物，各组分沸点不同，可用精馏的方法将其分为若干个馏分，如汽油、煤油、柴油等。先将原油加热至 350 ℃左右 (因柴油终馏点为 350 ℃)，送入常压塔中，使汽油、煤油、柴油都蒸发出来成为油气，余下的液体主要是重质燃料油。高温油气混合物上升经过一层层塔盘，在每层塔盘上和上层塔盘上流下来的温度较低的液体相接触，油气被冷却，温度稍降一些，其中较重 (沸点较高) 的组分就会被冷凝成液体从油气中分离出来；同时塔盘上的液体被加热温度稍增高一些，其中较轻 (沸点较低) 的组分就会蒸发成气体从液体中分离出去。这样每经过一层塔盘，油气中较重组分减少一些、较轻组分增加一些；而液体中较重组分增加一些、较轻组分减少一些。油气不断上升，每经一层塔盘都有这样的变化，于是油气越往上其轻组分越多、重组分越少，直至塔顶，油气的成分就是汽油组分。出塔后经冷凝冷却便可得汽油。液体不断下流，每经一层塔盘也都会有相反的变化，于是液体越往下其重组分越多、轻组分越少。液体来自塔顶回流，即将冷凝下来的汽油抽出一部分再打回到塔顶的塔盘上，其不断下流，不断变重，到某一层塔盘时成为煤油组分，一部分抽出来经冷却的煤油产品，其余的继续下流到更下面的某一层塔盘时成为柴油组分，一部分抽出经冷却得柴油产品。剩余的继续下流至塔底流出，称为常压重油。

二、板式塔

板式塔发展至今已有百余年的历史，最早出现的形式是泡罩塔（1813年），而后是筛板塔（1832年）。当时主要用于食品与医药工业。20世纪20至40年代，在炼油工业中，泡罩塔占主导地位。当时筛板塔则因严重漏液、操作难以稳定而未能广泛使用。20世纪50年代，炼油与石油化学工业有较大发展，需要大量的塔设备。筛板塔的设计方法与操作技术经改进后更趋合理，应用便日益增多。相比之下，原有的泡罩塔则显得较为落后，但也迫使其在形式上进行了革新。除此之外，还出现了如浮阀塔、舌形塔等新的塔型。20世纪60年代以后，塔设备向大型化发展，大通量、低压降的塔设备更受到重视，如垂直筛板等喷射型的塔设备呈现了良好的发展前景。

目前板式塔的形式已有一百多种，在化工生产中最广泛应用的是泡罩塔、浮阀塔及筛板塔。

（一）泡罩塔盘

泡罩塔盘是工业上应用最早的一种塔盘，它是在塔盘板上开许多圆孔，每个孔上焊接一个短管，称为升气管，管上再罩一个"帽子"，称为泡罩，泡罩周围开有许多条形孔。工作时，液体由上层塔盘经降液管流入本层塔盘，然后横向流过塔盘板，流入下一层塔盘；气体从下层塔盘上升进入开气管，通过环形通道再经泡罩的条形孔流散到泡罩间的液层中。

泡罩塔盘具有如下优点。

（1）气液两相接触充分，传质面积大，因此塔盘效率高。

（2）操作弹性大，在负荷变动范围较大时，仍能保持较高的效率。

（3）具有较高的生产能力，适用于大型生产。

（4）不易堵塞，介质适应范围广，操作稳定可靠。

泡罩塔盘的不足之处是结构复杂、造价高，安装维护麻烦，气相压降较大，但在常压或加压下操作时并不是主要问题。

(二) 筛板塔盘

筛板塔盘是在塔盘板上钻许多小孔，工作时液体从上层塔盘经降液管流下，横向流过塔盘进入本层塔盘降液管流入下一层塔盘；气体则自下而上穿过筛孔，分散成气泡，穿过筛板上的液层，在此过程中进行相际间传质、传热。由于上升的气体具有一定的压力和流速，对液体有"支撑"作用，在一般情况下液体不会从筛孔中漏下。

筛板塔盘具有如下优点。

(1) 结构简单、制造维护方便。

(2) 生产能力大，比泡罩塔盘高 20% ~ 40%。

(3) 压降小，适用于减压操作。

(4) 比泡罩塔盘效率高，但不及浮阀塔盘。

(5) 若设计合理其操作弹性也较高，但不如泡罩塔盘。

筛孔塔盘的缺点是小孔径筛孔易堵塞，故不宜处理脏、黏性大及带固体颗粒的料液。

(三) 浮阀塔

浮阀塔出现于 20 世纪 50 年代初，60 年代中期在我国开始研究并很快得到推广应用。在加压、减压或常压下的精馏、吸收和解析等单元操作过程，通常在浮阀塔内进行。目前，工业生产中使用的大型浮阀塔，直径可达10 m，塔高达 83 m，塔板数多达数百块之多。浮阀塔是目前应用最广泛的一种板式塔。

浮阀塔塔板结构与泡罩塔板相似，只是用浮阀代替了升气管和泡罩，浮阀装在塔板的阀孔上。操作时，气体通过阀孔使浮阀上升，随后穿过环形缝隙，并从水平方向吹入液层，形成泡沫，浮阀随着气速的增减在相当宽的气速范围内自由升降。即浮阀的开启程度可随气体负荷的大小自行调整，当气流速度较大时，浮阀开启的距离也大；气流速度较小时，浮阀开启的距离也小。这样，当气体负荷在一个较大的范围内变动时，浮阀只发生缝隙开度的相应变化，而缝隙中的气流速度几乎保持不变，从而可以保持操作稳定和较高的效率。最常用的是 F1 型。

浮阀的类型很多，按浮阀形状可分为盘形与条形两类，常用的是盘形浮阀。

浮阀塔盘具有如下优点。

（1）生产能力大，因浮阀在塔盘板上排列比泡罩更紧凑，故生产能力比泡罩塔盘提高20%~40%，与筛板塔盘差不多。

（2）操作弹性大，因浮阀可在一定范围内自由升降以适应气量的变化，所以能在较宽的气流范围内保持高的效率。浮阀塔盘操作弹性比泡罩和筛板都要大得多。

（3）效率高。由于气液接触充分，且蒸气以水平方向吹入液层，故雾沫夹带较少，因此分离效果好，一般效率比泡罩塔盘高15%左右。

（4）压降小。气流通过浮阀时只有一次收缩、扩大及转弯，故压降比泡罩塔盘低。

（5）与泡罩塔盘相比，结构简单、制造安装也较方便，制造费用仅为泡罩塔盘的60%~80%，但比筛板塔盘贵，为其120%~130%。

浮阀塔盘由于其性能优良，又无特别明显的不足，因而在化工生产的塔设备中得到了广泛的应用。

（四）舌形及浮动舌形塔盘

舌形塔盘是在塔盘板上冲制许多舌形孔，舌片翘起与水平方向成夹角20°。工作时，液体在塔盘上的流动方向与舌孔的倾斜方向一致，气体从舌孔中喷射而出，由于气、液两相并流流动，故雾沫夹带较少，当舌孔气速达到一定数值时，将塔盘上的液体喷射成滴状，从而加大了气、液接触面积。

舌形塔盘与泡罩塔盘相比具有塔盘上液层薄，持液量少，压力降小（为泡罩的33%~50%），生产能力大，结构简单，可节约金属用量12%~45%，制造、安装、维修方便等优点。但因舌孔开度是固定的，在低负荷下操作易产生漏液现象，故其操作弹性较小，塔盘效率较低，因而使用受到一定的限制。

浮动舌形塔盘是综合了舌形塔盘和浮阀塔盘的优点而研制出的一种塔盘。浮动舌形塔盘既有舌形塔盘生产能力大、压降小、雾沫夹带少的优点，又有浮阀塔盘的操作弹性大、塔盘效率高、稳定性好等优点，其缺点是舌片易损坏。除以上常用塔盘外，还有网孔塔盘、穿流式栅板塔盘、旋流塔盘、角钢塔盘等。

三、填料塔

填料塔具有结构简单、压降小、填料易用耐蚀材料制造等优点。填料塔常用于吸收、真空蒸馏等操作，特别是当处理量小、采用小塔径对板式塔在结构上有困难时，或处理的是在板式塔中难以操作的高黏度或易发泡物料时，常采用填料塔。但填料塔清洗、检修都较麻烦，对含固体杂质、易结焦、易聚合的物料适应能力较差。从传质方式看，填料塔是一种连续式传质设备。工作时，液体自塔上部进入，通过液体分布装置均匀淋洒在填料层上，继而沿填料表面缓慢下流；气体自塔下部进入，穿过栅板沿填料间隙上升。这样气、液两相沿着塔高在填料表面及填料自由空间连续逆流接触，进行传质传热。

从结构上看，填料塔的壳体、支座、塔顶除沫器、塔底滤焦器或防涡器、进出料接管等与板式塔差不多，有些甚至是完全相同的；主要区别是内部的传质元件不同，板式塔是以塔盘作为传质元件，而填料塔则是以填料作为传质元件，所以其内部构件主要是围绕填料及其工作情况设置，如填料及支承结构、填料压板、喷淋装置、液体再分布装置等。

四、塔设备辅助装置及附件

(一) 裙座

塔体常采用裙座支承。裙座形式根据承受载荷情况不同，可分为圆筒形和圆锥形两类。圆筒形裙座制造方便，经济上合理，故应用广泛。但对于受力情况比较差，塔径小且很高的塔（如 $DN < 1\,\text{m}$，且 $H/DN > 25$，或 $DN > 1\,\text{m}$，且 $H/DN > 30$），为防止风载或地震载荷引起的弯矩造成塔翻倒，则需要配置较多的地脚螺栓及具有足够大承载面积的基础环。此时，圆筒形裙座的结构尺寸往往满足不了这么多地脚螺栓的合理布置，因而只能采用圆锥形裙座。

（二）除沫器

除沫器一般设置在塔的顶部，用于收集夹在气流中的液滴。使用高效的除沫器，对回收昂贵物料、提高分离效率、改善塔后设备的操作状况、减少环境污染都是非常重要的。

常用的除沫器有折流板除沫器、丝网除沫器。在分离要求不严格的条件下，也可用于填料层作除沫器。其中的捕沫折流板是由 50mm×50mm×3mm 的角钢组成。这种除沫器可除去 $5×10^{-5}$ m 的液滴，增加折流次数，能保证足够商的分离效率，该除沫器的压力降一般为 50～100 Pa。折流板除沫器结构简单，缺点是金属耗量大，特别对直径较大的塔，造价偏高，因而逐步被丝网除沫器所取代。

丝网除沫器具有比表面积大、重量轻、空隙率大以及使用方便等优点，尤其是它具有除沫效率高、压力降小的特点，是目前使用最广泛的除沫装置。丝网除沫器适用于清洁气体，不宜用在液滴中含有析出固体物质的场合，以免液体蒸发后留下固体堵塞丝网。当雾沫中含有少量悬浮物时，应经常冲洗。

（三）接管

1. 物料进口接管

进塔物料的状态可能是液态、气（汽）态或气（汽）液混合物，不同的物料状态，其结构也不尽相同。

（1）液体进料管。常见的液体进料管有直管进料和弯管进料两种。对于弯进液管，转弯处尺寸 E 应以弯管能自由出入为准。物料洁净且腐蚀性很小时，可采用不可拆结构，将进料管直接焊在塔壁上。

（2）气体进料管。一个合理的气体进料管结构应使进入塔内的气体沿塔截面均匀分布，能够避免液体淹没气体通道，能防止破碎填料等异物进入管内。进气管位于塔的侧面，斜切口可改善气体的分布状况；带有挡板的位于塔侧面的进气管，挡板可减少进塔气流对塔内流状况的影响；位于塔底的进气管，伞形罩不仅能使气体分布得更加均匀，而且可防止异物落入进气管；内伸式、带分布孔的进气管，常用于直径较大的塔，其开孔总面积大约等于进气管的横截面积。

（3）气液混合物进料管。当进入塔内的物料是气液混合物时，可采用。

为使气液混合物得以迅速分离，设置有气液分离挡板，并采用切向进料。入塔后的气液混合物经旋风分离，液体向下、气体向上进入塔中参与分馏过程。

2. 物料出口接管

由于出塔的物料可能是液态或气（汽）态，因此应根据物料的状态设置相应的出料管结构。

（四）吊柱

对于室外直立的高塔，当塔高超过 15 m 左右时，一般要在塔顶设置可转动的吊柱，以便安装检修时更换填料，起吊塔板及其他塔内件，吊柱位置应能使人站在平台上操纵手柄，让吊钩的铅垂线可以转到人孔附近，便于从人孔放入或取出零部件。选用吊柱时，依据的基本参数是臂长 S（mm）和设计载荷 W（N）。臂长 S 可由塔的直径及吊柱在塔壁上的安装位置确定，考虑起吊中动载荷的影响，设计载荷 W 应取起吊重量的 2.2 倍左右。

吊柱的立柱常用 20 无缝钢管，其他零件可采用 Q235A 或 Q235AF。吊柱与塔体连接的衬板，应选用与塔体相同的材料。

第四节　反　应　釜

一、反应釜概述

反应釜（或称反应器）是通过化学反应得到反应产物的设备，或者是为细胞或酶提供适宜的反应环境以达到细胞生长代谢和进行反应的设备。几乎所有的过程装备中，都包含有反应釜，因此如何选用合适的反应器形式，确立最佳的操作条件和设计合理可靠的反应器，满足日益发展的过程工业的需求具有十分重要的意义。

（一）反应釜的作用

反应釜的主要作用是提供反应场所，并维持一定的反应条件，使化学反应过程按预定的方向进行，得到合格的反应产物。

一个设计合理、性能良好的反应釜，应能满足如下要求。

（1）应满足化学动力学和传递过程的要求，做到反应速度快、选择性好、转化率高、目的产品多、副产物少。

（2）应能及时有效地输入或输出热量，维持系统的热量平衡，使反应过程在适宜的温度下进行。

（3）应有足够的机械强度和耐蚀能力，满足反应过程对压力的要求，保证设备经久耐用，生产安全可靠。

（4）应做到制造容易，安装检修方便，操作调节灵活，生产周期长。

（二）反应釜的分类

反应釜一般可根据用途、操作方式、结构等进行分类。例如，根据用途可把反应釜分为催化裂化反应器，加氢裂化反应器、催化重整反应器、氨合成塔、管式反应炉、氯乙烯聚合釜等。根据操作方式又可把反应釜分为连续式操作反应釜、间歇式操作反应釜和半间歇式操作反应釜等。

最常见的是按反应釜的结构来分类，可分为釜式反应器、管式反应器、塔式反成器、固定床反应器、流化床反应器等。

1. 釜式反应器

釜式反应器也称搅拌釜式、槽式、锅式反应器。主要由壳体、搅拌器和传热部件等组成。釜式反应器具有投资少、投产快、操作灵活方便等特点。

2. 管式反应器

管式反应器一般是由多根细管串联或非联而构成的一种反应器。其结构特点是反应器的长度和直径之比较大，一般可达 50～100。常用的有直管式、U 形管式、盘管式和多管式等几种形式。管式反应器的主要特点是反应物浓度和反应速度只与管长有关，而不随时间变化。反应物的反应速度快，在管内的流速高，适用于大型化、连续化的生产过程，生产效率高。

3. 塔式反应器

塔式反应器的高径比介于釜式反应器和管式反应器之间，为 8 ~ 30。主要用于气液反应，常用的有鼓泡塔、填料塔和板式塔。

鼓泡塔为圆筒体，直径一般不超过 3 m，底部装有气体分布器，顶部装有气液分离器。在塔体外部或内部可安装各种传热装置或部件。还有一种带升气管的鼓泡塔，是在塔内装有一根或几根升气管，使塔内液体在升气管内外做循环流动，所以称为升气管式鼓泡塔。

填料塔是在圆筒体塔内装有一定厚度的填料层及液体喷淋、液体再分布及填料支承等装置。其特点是气液返混少，溶液不易起泡，耐蚀，压降小。

板式塔是在圆筒体塔内装有多层塔板和溢流装置。在各层塔板上维持一定的液体量，气体通过塔板时，气液相在塔板上进行反应。其特点是气、液逆向流动接触面大、返混小，传热传质效果好，液相转化率高。

4. 固定床反应器

固定床反应器是指流体通过静止不动的固体物料所形成的床层而进行化学反应的设备。以气固反应的固定床反应器最常见。固定床反应器根据床层数的多少又可分为单段式和多段式两种类型。单段式一般为高径比不大的圆筒体，在圆筒体下部装有栅板等板件，其上为催化剂床层，均匀地堆置一定厚度的催化剂（能改变化学反应速度，而其自身的数量和组成在反应前后保持不变的物质）固体颗粒。单段式固定床反应器结构简单、造价便宜，反应器体积利用率高。多段式是在圆筒体反应器内设有多个催化剂床层，在各床层之间可采用多种方式进行反应物料的换热。其特点是便于控制调节反应温度，防止反应温度超出允许范围。

5. 流化床反应器

细小的固体颗粒被运动者的流体携带，具有像流体一样能自由流动的性质，此种现象称为固体的流态化。一般，把反应器和在其中呈流态化的固体催化剂颗粒合在一起，称为流化床反应器。

流化床反应器多用于气固反应过程。当原料气通过反应器催化剂床层时，催化剂颗粒受气流作用而悬浮起来呈翻滚沸腾状，原料气在处于流态化的催化剂表面进行化学反应，此时的催化剂床层即为流化床，也称沸腾床。

流化床反应器的形式很多，但一般都由壳体、内部构件、固体颗粒装卸设备及气体分布、传热、气固分离装置等构成。流化床反应器也可根据床层结构分为圆筒式、圆锥式和多管式等类型。

圆筒式的床层为圆筒形，结构简单、制造方便，设备容积利用率高，使用较广泛。圆锥式的结构特点是床层横截面从气体分布板向上逐渐扩大，使上升气体的气速逐渐降低，固体颗粒的流态化较好。特别适用于粒径分布不均的催化剂和反应时气体体积增大的反应过程。多管式的结构是在大直径圆筒形反应器床层中竖直安装一些内换热管。其特点是气固返混小，床层温度较均匀，转化率高。

流化床反应器气固湍动、混合剧烈。传热效率高，床层内温度较均匀，避免了局部过热，反应速度快。流态化可使催化剂作为载热体使用，便于生产过程实现连续化、大型化和自动控制。但流化床使催化剂的磨损较大，对设备内壁的磨损也较严重。另外，也易产生气固的返混，使反应转化率受到一定的影响。

（三）反应釜的工作过程

化工生产时，在反应釜中进行的不仅仅是单纯的化学反应过程，同时还存在着流体流动、物料传热、传质、混合等物理传递过程。在反应釜中，化学反应的机制、步骤和速率是根据化学动力学的规律进行的。如对于气－液反应，反应速度除与温度和浓度有关外，还与相界面的大小和相间的扩散速度有关。对于气固反应，不论在什么条件下进行，气相组分都必须先扩散到固体催化剂的表面上，再在催化剂表面进行化学反应。化学反应过程是反应釜工作的本质过程。

由于化学反应时原科的种类很多，反应过程也很复杂，对反应产物的要求也各不相同，为满足不同的反应要求，反应釜的结构类型和尺寸大小也多种多样，操作方式和操作条件也各不相同。如间歇式操作的反应釜，原料是一次性加入的；而连续式操作的反应釜，原料是连续加入的。不同结构形式和尺寸的反应釜及不同的操作条件和方式，必将影响流体的流动状态和物料的传热、传质及混合等传递过程。而传递过程是实现反应过程的必要条件，因此反应釜的工作过程就是以化学动力学为基础的反应过程和以热量传递、质量传递、动量传递为基本内容的传递过程，同时进行、相互作用、相互影响的复杂过程。

二、反应釜的检修

(一) 反应釜检修前的准备

凡进入装有易燃、易爆、有毒、有窒息性物质的釜内检修时，首先应该做到以下几点。

(1) 切断外接电源，挂上"禁动"警告牌。

(2) 排除釜内的压力。

(3) 在进料、进气管道上安装盲板。

(4) 清洗置换，经气体分析合格后并设有专人监护，方可进入釜内。

(二) 反应釜的检修项目

反应釜检修项目包括：减速器检修；釜体检修；密封装置检修。

(三) 反应釜的检修质量标准

1. 传动装置

反应釜的传动装置一般采用行星摆线针齿减速器。

2. 密封装置

(1) 填料密封：

①填料压盖与填料箱的配合为 G7/a11。

②填料压盖孔与搅拌轴的间隙为 0.75～1.0 mm（轴径为 50～110 mm）。

③填料压盖的端面与填料箱端面间距应相等，间距允许偏差为 ±0.3 mm。

④填料应充填均匀，盘根填料应等轴径绕制，开口准确，每层交叉放置，防止接至同一方位上重叠。

(2) 机械密封：

①机械密封端面比压要适当，不可任意改变弹簧的规格。

②静环端面对轴线垂直度允差小于 0.05 mm（转速在 200 r/min 以下）。

③设备水压试验时，密封处的泄漏量不超过 10 mL/h 为合格。

④设备进行气密性试验时，在转动状态下，机械密封的油槽以不产生连续小气泡为合格。

3.搅拌装置

在密封处轴的径向摆动量，机械密封不大于 0.5 mm，填料密封如表 2-1 所列。

表 2-1　填料密封处轴的径向摆动量

工作压力 /MPa	500 r/min 以下径向摆动量 /mm
2.5 以下	0.9
2.5 ~ 8.0	0.75
8.0 ~ 16	0.6

（1）轴的直线度偏差应不大于 0.1 mm/1000 mm。

（2）搅拌扭转角建议控制在 0.25~0.5° /m。

（3）搅拌轴与桨叶垂直，其允许偏差为桨叶总长度的 4/1000，且不超过 5 mm。

（4）转速高于 200 r/min 的涡轮式、推进式搅拌器作静平衡后方可使用。

（5）涡轮式、推进式搅拌器的叶轮与搅拌轴的配合应采用 H7/js6。

（6）轴套与轴之间的配合间隙应符合表 2-2 的规定。

表 2-2　轴套与轴之间的配合间隙

单位: mm

轴径	配合间隙	轴径	配合间隙
50 ~ 70	0.6 ~ 0.7	> 90 ~ 110	1.0 ~ 1.1
> 70 ~ 90	0.8 ~ 0.9		

（四）反应釜的试车与验收

1.试车前的准备

（1）设备检修记录齐全，新装设备及更换的零部件均应有质量合格证。

（2）按检修计划任务书检查计划完成情况，并详细复查检修质量，做到工完、料净、场地清，零部件完整无缺，螺栓牢固。

（3）检查润滑系统、水冷却系统应畅通无阻。

（4）检查电动机、主轴转向，应符合设计规定。

2. 试车空载试车应满足的要求

（1）转动轻快自如，各部位润滑良好。

（2）机械传动部分应无异常杂音。

（3）搅拌器与设备内加热蛇管、压料管、温度计套臂等部件应无碰撞。

（4）釜内的衬里不渗漏、不鼓包，内蛇管、压料管、温度计套管牢固可靠。

（5）电动机、减速器温度正常，滚动轴承温度应不超过 70 ℃，滑动轴承温度应不超过 65 ℃。

（6）密封可靠，泄漏符合要求：密封处的摆动量不应超过规定值。

（7）电流稳定，不超过额定值，各种仪表灵敏好用。

（8）空载试车后，应进行水试车 4～8 h，加料试车应不少于一个反应周期。

3. 验收试车

合格后按规定办理验收手续，移交生产。验收技术资料应包括如下内容。

（1）检修质量及缺陷记录。

（2）水压、气密性试验及液压试验记录。

（3）主要零部件的无损检验报告。

（4）更换零部件的清单。

（5）结构、尺寸、材质变更的审批文件。

第五节　干　燥　设　备

一、干燥设备概述

干燥是在加热下，将水分从其结合的物料中分出并除去的过程，此处不包括加压过滤法，有机共沸混合物脱水和用惰性气体带走蒸发水分的方法等。

干燥物料是为了达到所要求的湿含量，或便于储藏保管。如抗生素在干燥情况下较为稳定，不易损坏变质，便于储藏，并用其干燥的粉状原料制剂成药。矿物经干燥后可增加煅烧容量等。

干燥方法按照供热方式及操作方式是连续的还是成批的生产划分。连续生产的干燥器比相同容量的成批生产干燥器所需劳动力少，燃料省，占地面积少，且能生产较均匀的产品。成批干燥的物料在干燥器中各处外界情况不同，空气围绕干燥器的流动亦不均匀，但成批生产的干燥器的投资和维修费用小，便于操作和使用，能适应于多方面的变化，一般用于被干燥的物料量很小，而用连续生产的干燥器需配备许多辅助设备。因此生产量在 5 000 kg/d 以下时宜用成批干燥器，而大于 5 000 kg/d 时，宜用连续干燥器。

干燥热敏物质的设备，必须高效快速，加热温度不能过高，与干燥介质的接触时间不能太长。当需保证产品纯度时，干燥设备应能保持密闭，便于清洗。生产注射用粉针剂的设备还要求保持无菌。

加热的方法有传导、对流、辐射和高频四种。大多数干燥器为对流加热，因为用于蒸发和带走湿气的热空气的温度和湿度易于控制，且物料的温度不会超过进口空气的温度，可避免物料的过热。但对流干燥器由于出口气体中大量显热的损耗，热效率不高，且蒸发的溶剂不易从气体中回收，同时从气流中去除很细的粉末亦很麻烦。

盘架式干燥器，属对流干燥器，在干燥器内被干燥的物料放在浅盘中，让热空气吹过。除此对于可自由流动的颗粒物料，采用对流干燥器干燥时，可将颗粒物料全部或部分地输送到加热的气流中去。

当被干燥的物料很薄或很湿时，亦可采用传导加热，例如将浆料涂布在慢慢旋转的加热转鼓上，当转鼓旋转时，水分便蒸发，最后将干物料刮下。因为用于蒸发水分的热量是从转鼓的热表面经过物料的，所以热经济性好，但是所需温度要比对流干燥高。冷冻干燥器是以传导传热为主。

带式干燥器是将热风从上方强制通过物料而使它干燥。沸腾干燥可借助于瓷球的运动和摩擦，使物料分散，瓷球粒径 2 ~ 4 mm，有一定硬度，以免磨损污染成品，常用 Al_2O_3 球。喷雾干燥利用 $(5 ~ 6) \times 10^5$ Pa 的压缩空气使浆料雾化。转筒干燥器中物料停留的时间长，长度方向上的面板轮流抄起和翻动颗粒，中间穿过热气流，长筒自身在旋转，旋转一圈中每个颗粒停留和举起的时间不相同，干燥程度亦就不同。

此外可由各种电磁辐射源供给热量，由于大部分物料可吸收 $4 \sim 8\mu m$ 的波段，因此可用红外线加热来干燥影片、涂层和薄片物料。当把电介质物料置于高频振荡的电场中时，在潮湿的电介质中电能转变为热能，便在物料内部发生介电加热，此为高频加热，在少数场合下采用。

二、连续干燥器

目前大多数工厂都采用连续干燥，以保证干燥产品的均匀性，同时降低生产成本。在连续干燥中，湿物料中的每种成分经受的干燥时间相同，被干燥物料在干燥器中停留一定时间，可达到水分含量的要求，在整个干燥器内，可认为湿度和温度都是均匀的。

(一) 气流干燥器

气流干燥器是利用高速热气流将物料在流态下进行干燥过程的装置。在气流干燥器中，粉粒状物料是悬浮于高速的热气流中，物料与热风激烈混合，呈相当稀的悬浮态，气固相间具有大的接触表面积，且有一定的相对速度，因此热量迅速进行传递，在气流输送的同时便使物料得到干燥。气流干燥时间短，仅 $1 \sim 10\ s$，一般物料在器内停留时间约为 $5\ s$，因此适宜于热敏性或低熔点物料的干燥。同时在流动层内温度能保持匀一，并自由调节，热风温度可高达 $300 \sim 600\ ℃$，而得到均质的产品。热风与物料的传热系数大，热容量系数为 $8400 \sim 25\ 000\ kW/(m^2 \cdot K)$。热效率高达 $50\% \sim 70\%$，因此干燥处理能力大，如对于湿润碳的干燥处理可达 $357\ 000\ kg/h$。干燥的最终含水量低，适用于泥状、滤饼状、粒状和块状，含水量为 $20\% \sim 75\%$（湿基）的物料粒径范围 $0.1 \sim 10\ mm$，成品湿含量达 $1\% \sim 3\%$。不适用于黏性很强的物料和对晶形有一定要求的物料。

气流干燥装置构造简单，占地面积小，投资低。典型的气流干燥器为长管式气流干燥器，是根几米至十几米的垂直管，物料及热空气在管下端进入，干燥后的物料被带至管的顶端，达到需要的干燥程度，在旋风分离器中再加以分离回收。出口空气的速度为 $8 \sim 30\ m/s$，热空气的上升速度应大于物料颗粒的自由沉降速度，物料颗粒以此速度差上升，因此在气流干燥中，空气既是干燥介质，又是输送介质。固体物料与空气的比为 0.03～1，根据被干燥物料情况定。

在气流干燥中，空气靠鼓风机输送，鼓风机可安装在流程的头部、尾部或中部，这样干燥过程可在正压、负压或先负后正的情况下进行。一般说物料干燥一次不够，特别是在有结合水存在时，一部分产品需重复干燥。

由于长管式气流干燥器的管很高，给厂房高度、操作和检修等均带来不便。因此在有些生产中又采用了旋风式气流干燥器，它还有利于结块的湿物料的粉碎，低空气阻力较长管式大，流程相仿。

（二）喷雾干燥器

喷雾干燥是借热空气将高度分散的溶液或悬浮液进行干燥的过程。喷雾干燥器适用于悬浮液和黏滞物料的干燥，可作为物料固化第一阶段的干燥器，然后再用其他的方法如气流干燥，将物料干透。通常在常压下操作。

喷雾干燥器包含有喷雾装置、干燥塔、热风供给装置和集尘装置等部分。用雾化装置将物料雾化后，在干燥室内与热空气接触，由于蒸发面积大，物料中水分在几秒钟内便被蒸发，而固体部分则成粉末状沉降于器底。

喷雾干燥中，料液的雾化是最关键操作，要求喷雾器结构简单，操作方便，喷雾粒子均匀，产量大，能耗少，能控制雾滴大小和产量。使物料雾化的方法有离心喷雾法、机械喷雾法、气流式喷雾法。与机械式相比，气流式喷嘴操作稳定，不会堵塞，虽然动力消耗大，仍使用广泛。对高黏度和膏状物料的雾化，三流式喷嘴更适宜。

浆料由进料口至喷嘴后，被压力为 4×10^5 Pa 的一次空气雾化，然后被带至最左边的喷嘴，由此通入 $(1.5～2) \times 10^5$ Pa 的二次空气，并通过螺旋翅片做高速旋转运动。在喷嘴出口处把物料雾化成微细粒子。雾化介质可以是压缩空气或蒸汽，使用蒸汽时可减少对物料的污染。现分别介绍如下。

1. 雾化器的结构计算

（1）气流式喷雾器。气流式喷雾器是利用高速气流对液膜产生摩擦撕裂作用而把液滴拉成细雾。高速气流为 $(1.5～35) \times 10^5$ Pa（表压）的压缩空气，气速为 200～300 m/s，溶液的流出速度小于 10 m/s，因此二者间存在高的相对速度而产生摩擦，液体被拉成丝状体，接着断裂形成球状小雾滴。丝状体存在时间与相对速度大小、溶液黏度等有关。它适用于生产直径小于 30 μm 的液滴，用于喷液量较小规模的生产，雾化量每小时几升至 100 L 溶液。

（2）机械式喷雾器。料液经高压泵以 $(20 \sim 200) \times 10^5 Pa$ 的压强从切线方向进入喷嘴的旋转室，旋转的液体从喷嘴口喷出时，因其压强急速下降，速度相应增大，从而使料液形成空心锥形旋转液膜，液膜伸长，形成细丝，最后成雾滴。

喷嘴孔径 0.3 ~ 2 mm，喷液量 15 ~ 1800 L/h。孔径大，喷液量大，雾滴粗。压强大，喷液量大，雾滴细。喷雾角在 50~90°。喷口用硬质材料制。一般用于处理量较大的场合。

（3）离心式喷雾器。主要部件是高速旋转的离心盘，盘的直径为 100 ~ 300 mm，转盘的圆周速度不小于 60 m/s，通常为 90 ~ 140 m/s，最高转速为 20 000 r/min。处理量较大，操作简单，造价高。

2. 喷雾干燥的特点

喷雾干燥塔构造简单，干燥进行迅速，3 ~ 30 s，因固料液可雾化成 10 ~ 60 μm 的雾滴，其有 200 m^2/L 料液比表面。对热敏性物质易进行干燥处理，如当预热的空气以 400 m/s 的高速吹过喷嘴，在进口空气温度为 350 ℃ 时，干燥时间仅为 0.01 s，虽然干燥介质温度高，但物料不致过热，因此适用于热敏性物料的干燥。蒸发能力高达 25 kg/ (h · m^2)，在极短的干燥时间内能产生很细的粒子，如干燥全脂奶粉，可不影响奶粉香味。对于奶粉、果汁或血浆等均易进行干燥处理，干燥能力为 10 t/h 以上。干燥产物呈粉末状，无须再经粉碎处理，省去蒸发结晶等过程。但干燥器热容量系数低 $a_n = 0 \sim 93.04$ W/ (m^2 · K)，故干燥室需较大尺寸，若 1 h 内要处理数吨物料，则需塔径 5 ~ 6 m，塔高 25 ~ 30 m 的巨大装置，动力消耗大。为满足雾化的要求，常需加水稀释浆料。增加了能耗。

喷雾干燥高温排气中含有的微粉，大小为 100 μm 以下，微粉总量为干燥物的 8% ~ 10%。采用集尘装置处理这种微粉，一般使用切线型或旋涡型装置，入口处线速 10 ~ 20 m/s，压力损失 780 ~ 1960 Pa。当排出气体温度较高时，集尘器的内壁易附着粉末，因此集成器的排风管越短越好。

第六节　石油化工管线及管件

一、管线

(一) 管线的分类

石油化工厂的管线种类繁多，分类也各不相同。按材料类别分，有金属管线、非金属管线以及由金属材料与非金属材料或不同金属材料复合而成的复合管线。

金属管线中，又可分为黑色金属管线及有色金属管线。黑色金属管线中常用的有各种化学组分的铸铁管、钢管及合金钢管等。有色金属管线中常用的有铝管、铜管、镍管及钛管等。常见的非金属管有橡胶管、工程塑料管及陶瓷管等。

按管线的制造方法又可分为静态铸管、离心铸管、无缝轧制管及卷焊有缝管等。

按工作压力等级分，大于 100 MPa 的称为超高压管线；10～100 MPa 的管线称为高压管线；1.6～10 MPa 的称为中压管线；0～1.6 MPa 的称为低压管线；工作压力低于标准大气压的称为真空管线。

按工作温度分，大于 370 ℃的称为高温管线，370～-20℃的称为常温管线，小于 -20 ℃的称为低温管线。

按管线的工况苛刻程度及介质对生产安全方面可能造成的危害等诸多因素而确定的安全等级区分，可分为 I 类、II 类、III 类、IV 类及 V 类。一般将工况苛刻的，如高温、高压、介质为易燃易爆的管线定为 I 类管线。中国石化集团公司编制的《工业管道维护检修规程》(SHS 01005-2004) 以及国家标准《工业管道工程施工及验收规范》(CBJ 235-82) 对管线的安全等级分类，都有明确的区分办法，见表 2-3。

表2-3　管线的安全等级分类

管道材质	工作温度 /℃	Ⅰ类	Ⅱ类	Ⅲ类	Ⅳ类	Ⅴ类
		最高工作压力 P_W/MPa				
碳素钢	≤ 370	$P_W \geq 32$	$10 \leq P_W < 32$	$4 \leq P_W < 10$	$1.6 \leq P_W < 4$	$P_W < 1.6$
	> 370	$P_W \geq 10$	$4 \leq P_W < 10$	$1.6 \leq P_W < 4$	$P_W < 1.6$	—
合金钢及不锈钢	−196 ~ 560	$P_W \geq 10$	$4 \leq P_W < 10$	$1.6 \leq P_W < 4$	$P_W < 1.6$	—
	≥ 450	P_W 任意	—	—	—	—

(1) 介质毒性程度为Ⅰ、Ⅱ级的管道按Ⅰ类管道。

(2) 穿越铁路干线，公路干线、重要桥梁，住宅区及工厂重要设施的甲，乙类火灾危险物质和介质毒性为Ⅲ级及以上的管道，其穿越部分按Ⅰ类管道。

(3) 石油气 (包括液态烃)、氢气管道和低温系统管道至少按Ⅲ类管道。

(4) 甲、乙类火灾危险物质、Ⅲ级毒性物质和具有腐蚀性介质的管道，均应升高一个类别。

(5) 介质毒性程度参照 GB 5044《职业性接触毒物危害程度分级》的规定分为四级，其最高容许浓度分别为：

Ⅰ级 (极度危害) < 0.1 mg/m³

Ⅱ级 (高度危害)0.1 ~ 1.0 mg/m³

Ⅲ级 (中度危害)1.0 ~ 10 mg/m³

Ⅳ级 (轻度危害) ≥ 10 mg/m³

举例：

Ⅰ、Ⅱ级——氧、氢氧酸、光气、氟化氢、碳酰氟、氯等。

Ⅲ级——二氧化硫、氨、一氧化碳、氟乙烯、甲醇、氧化乙烯、硫化乙烯、二硫化碳、乙炔、硫化氢等。

Ⅳ级——氢氧化钠、四氟乙烯、丙酮等。

(二) 管线的公称尺寸

除铸铁管外，轧制管线的规格用公称的管线直径来衡量，同一公称规格的管子，工程上通常分为三种类型，即普通型、加强型及超加强型。相同流量的条件下，即管线的公称尺寸相同时，随介质的不同，以及压力和温度的不同，其管线的类型也不同。而且，不同的设计规范，其选型及公称尺寸也可能不同。国际上常用的管线的规格尺寸规范有 ASME B36.10。其中，对轧制及铸造的管子的实际厚度与名义厚度的制造误差值允许为 $\pm 12\frac{1}{2}\%$。此规范规定对 12 in（1in=25.4mm）及 12in 以下的管线，尺寸指的是管线的名义的内径；对于 14 in 及 14 in 以上的管线，其尺寸指的是管线的实际的外径。管线供货时，可以以不同的长度，不同的管端加工形式（如带坡口、加工有各种规格的管螺纹等）以及不同的材质，不同的热处理条件作为其交货技术条件。

另外，连接仪表用的导管、蒸汽伴管等这一类小直径的管线，其公称尺寸均指导管的外径。

（三）管线的连接方式

不同的工况、不同的管线种类及规格，可以有相应的各种不同的连接方式。

最常用的管线连接方式是螺纹连接、焊接连接及法兰连接。对铸铁管或小直径的管线，常用一些特殊的连接方式。

1. 螺纹连接

螺纹连接基于加工及安装方面的考虑，螺纹连接的管径范围是 2～24 in。对于管径 2 in 以下的管线，一般限制采用螺纹连接。与法兰连接及焊接连接相比，螺纹连接现场安装的工作量小，但是其密封性能较差。因此，有时在螺纹连接的基础上也有辅之以密封焊。

2. 焊接连接

焊接连接随着近年来石油化工对节能及装置连续运行方面提出越来越高的要求，除了管线需要经常拆开的以外，目前焊接连接已大量代替了螺纹连接和法兰连接。

焊接连接的形式可以是对焊连接，也可以是套焊连接（承插焊接）。对管径在 2 in 以上的，一般采用对焊连接；小于 2 in 的，采用套焊连接。

（1）对焊连接：对焊连接是目前石油化工生产装置中使用最多的焊接连

接方式。采用对焊连接时，首先应用车削、打磨等方法将待焊的管线的端头或阀门接头的端口加工出焊接坡口，然后按合理的焊接工艺将两个被焊物件接在一起。

（2）套焊连接：套焊连接，也称承插焊接。它是把管子的一端插入被焊的管口内或阀门接口的凹槽内，采用角焊的方法将被焊物件焊接一起。在采用套焊时，管子的端面和与之相对的阀门接口凹槽的端面或另一相对的管口端面之间应留有距离，以防止两个相对的端面在受热时不能自由伸长而"顶死"在一起，其结果使焊缝产生很大的附加应力。

（3）法兰连接法兰连接是用螺栓把两个法兰连接在一起。在法兰密封面之间垫有各种型式的垫片。

3. 特殊方式的连接

特殊方式的连接是为特殊场合而专门设计的特殊连接方法。这些特殊的连接方式往往要配以专门的垫片或螺栓。

二、管件

管件包括将各种阀门、管段连接起来的异径管、三通、四通、管接头，用于改变介质流动方向的各种弯头、各类疏水器、支撑管系的各种吊挂及支座等。

(一) 管接头

按工作压力及温度不同，管接头按 ANSI 压力等级分类，其制造方法可以是铸造、轧制、锻制或焊接制成。管接头与管线或阀门的连接可以是螺纹连接、对焊连接或套焊（承插焊）连接。管接头的形状也随需要的不同而型式各异。如尺寸各异的异径接头、Y 形、十字形、T 形的接头、急弯弯头等。

(二) 疏水器

为除去蒸汽或气体管线中的冷凝水或液体，在总管上通常要从其低点引出导淋管与各种各样的疏水器或排液阀相连接。

这些疏水器的种类虽然较多，但其疏水无非是利用了以下三种原理，也形成三种类型：一是通过不同的冷凝液面高度，决定不同的浮筒位置，浮筒的上下移动带动疏水通道的开与闭，此类疏水器统称为液体界面疏水器或机械型疏水器。浮桶式疏水器、浮球式蒸汽疏水器及钟形浮子式蒸汽疏水器均属此类，它们都是利用冷凝液与蒸汽密度的不同，使冷凝液对浮桶产生较大的浮力而带动排液阀的动作。二是利用冷凝液与过热蒸汽温度的不同，使感温元件有不同的形状，由此带动疏水阀的开与闭。由于它们承受的介质温度决定疏水阀的开与闭，因此是属于温度变化开闭式疏水器。三是利用蒸汽与冷凝液的热动力性能不同，自动开启或关闭疏水阀，属于热动力式疏水器。

(三) 管道混合器

有时，因工艺上的需要，需在管线上将管线中的各种介质进行更充分地混合，此时，可选用管道混合器。常见的有弯头混合器、孔板混合器、喷嘴混合器、引射混合器、双溶剂润滑油精制用原料混合器以及带搅拌的管道混合器等。各种型式的管道混合器，其混合的方式主要靠流体的涡流。

(四) 看窗及消声器

为了直接目视观察管线中介质的流动状态，在中低压管线上，可以设置各种看窗 (视镜)。为了降低管线中介质产生的噪声，在管线中有时要设置消声器。

(五) 阻火器及过滤器

(1) 阻火器出于工艺安全运行上的考虑，有时在管线上要安装管道阻火器。

(2) 过滤器为了满足工艺上的要求，有时需要在管线上设置永久性的过滤器或临时性的过滤器或过滤网。永久型过滤器，其上部设有固定开口，可以定期清洗其中的过滤元件。临时加入管线的过滤器或过滤网。通常在新建装置开工投运时，为防止管线中的异物、污垢进入压缩机、泵等转动设备引起设备损坏，而在上述转动设备的入口加以临时过滤网。待这些转动设备运行数月或 1 年左右的时间后，一般应将其拆除。否则这种临时过滤网会产生一定的阻力，降低压缩机和泵的入口压力和能力。而且在介质流速很高的场合，还可能因为过滤器的振动使其产生疲劳破损，破损的过滤元件碎块被吸入压缩机时，有可能造成压缩机的损坏。因此，如果需将临时过滤网长期置于管线上使用，必须定期检查及清洗。

(六) 吊架、托架及支座

管线的尺寸、形状各异，与之相配的管线吊架、托架及支座也规格繁多。

无论管线是在冷态 (停用状态)，还是在热态 (投用状态)，各种管线的吊架、托架或支座，都应承受预定的载荷，并能使与之相连的管线沿预定的方向作位移。

一般吊架承担预定的管线及其中介质的重量，又能使吊挂点处的管线在吊挂点标高的水平面内做适当距离的任意方向的位移。但是，当管线沿吊挂力方向上稍有位移时，吊挂力都将发生明显的变化，超出其预计的载荷范围。

托架承受预计的管线及介质重量，并只允许管线沿其轴中心线自由移动。

弹簧吊架允许被吊挂的管线沿其吊挂力的方向上作适当的位移，其受到的吊挂力仍在预计的范围内。管线沿吊挂力方向有位移后，弹簧的吊挂力与发生位移前会有变化，变化的大小分别与位移的大小及弹簧的弹性模量的大小成正比。如弹簧为恒力弹簧，那么吊挂力与位移的大小无关。

固定点或支座不允许与之相连的这段管线作任何方向上的任何位移，即支撑点为"死点"。当管线在任何方向上存在热胀冷缩位移受到约束时，在其"死点"都会额外增加很大的附加应力。当这种固定式支座靠近节流阀门或管线弯头时，因介质流动状况变化所产生的反作用力也会传给固定式支座。

第七节　阀 门

石油化工用阀门的种类很多，视用途及与管线的连接方式不同而不同。

阀门的基本类型有闸阀、截止阀、角阀、旋塞阀、隔膜阀、止回阀、针阀、蝶阀及安全阀等。

按阀门的工作压力、温度及介质，确定阀的标准尺寸、材质和压力等级。

阀体的制造方法可用铸造、锻造或用棒材经机械加工而成。也有的用两种以上的材料焊接制成。阀体通径的密封面可以与阀体为一体，也可以靠螺纹、焊接等方法与阀体相连。密封面的材料可以与阀体相同，也可以是比阀体更硬更耐腐蚀的高合金材料。当密封面由属于非金属材料的工程塑料制成时，为防止工程塑料受高温后迅速损坏，一般在工程塑料周围衬以金属支持圈。

阀门与容器或管线连接时，可以是法兰连接、螺纹连接、套焊连接、对焊连接等多种连接方式。

绝大多数阀门是手工直接操作，但是对于尺寸大、不易靠近的阀门、可以配置电动或气动的动力装置，或采用连杆式的手动操纵机构。

一、闸阀

闸阀主要由插入流道中的闸板及阀体组成。设计闸阀时，一般将其考虑为全开或全关来使用。

公称尺寸大于2in的闸阀，其出入口的尺寸相同。但是，有一种用于高流速的文丘里型闸阀的阀体入口尺寸，比相配的管线的公称尺寸要小，所以在其前面要配一段缩径管。

根据用途的不同（主要指压力等级及温度），闸板可以有各种不同的结构。

二、截止阀

与闸阀不同，截止阀通常用于调整流体的流量。因此，在截止阀的阀芯与阀体的结构设计时，主要考虑阀芯的形状，以及阀芯与阀座在阀开启过程中始终能很好地对中，以使介质能沿阀芯圆周均匀地稳定地通过，防止了阀芯的振动。阀芯可以有多种型式，在节流大的场合，阀芯为锥形。在极端的条件下，即节流作用极为严重时，这种锥形阀芯的截止阀变为针阀。

三、旋塞阀

旋塞阀的基本特点是旋塞上有一个或几个开口，开口的位置与阀体上的开口相一致。旋塞阀通常用于快速开闭或切换。旋塞阀的尺寸的大小可以有很大的差别。小的通常用手就可自如地扳动，大的旋塞一般要配动力装置。

四、球阀

球阀类似上述的旋塞阀，只是球阀中的旋塞是球形的而不是锥形或筒形的。

五、隔膜阀

隔膜阀是一种无阀座式阀，主要用于腐蚀性极强的，并且是压差较小的场合。由柔性材料制成的隔膜的作用是既能关闭阀门，又能以静密封的形式，将介质与外界（指阀杆等部位）可靠地隔离，有效地防止了外泄漏及由此带来的腐蚀。

六、蝶阀

蝶阀由阀体及圆盘形的蝶板组成，蝶板靠位于流道中心的阀杆的转动而启闭。阀杆由 90° 的转角使阀门从全开变为全关。蝶阀一般用于大的流量的控制及低的压差工况。当用于高的压差时，阀板形状及密封面的结构都要有大的区别。

七、止回阀

止回阀，又称单向阀或逆止阀，用于自动防止介质倒流，其型式也有多种。

八、自动压力保护阀门及设施

石油化工生产装置中，为防止设备及管线超压或真空度过高而造成设备损坏及人员伤亡，均设有各种自动压力保护阀门及设施。其中一类为防止设备承受过高压力，将过高的压力降下来；另一类则为防止设备的真空度过高而失稳。常见的自动压力保护阀门及设施有安全阀、泄压阀、安全泄压阀及防爆片等。

(一) 安全阀

常见的安全阀有弹簧式安全阀、杠杆重锤式安全阀及重锤式安全阀。这里重点将弹簧式安全阀做一介绍。弹簧式安全阀是一种用弹簧作为加载方式，当阀芯承受的介质作用力大于弹簧作用力时，能自动开启的一种降压设施。由于其弹簧充分地暴露于大气中，不会与泄漏出的蒸气相接触，从而可以避免因弹簧受热而使阀门在压力未到设定值而突然开启。安全阀通常都配有用于手动开启阀门的提把，以此可以确认阀门的活动部件是否活动自如、有无卡阻。这种安全阀通常适用于在阀门安装位置下游的排放状况较通畅，不会出现突然"憋死"的场合，譬如在蒸汽的汽包及过热器上，或一般的空气储罐及蒸汽总管网上。当安全阀的出口配有管线时，往往在其出口弯头或出口的底部要钻个小孔，防止在其出口侧形成冷凝水的存积。

由于安全阀的出口侧在阀杆处与大气侧并不密封，所以它不能用于腐蚀性介质，也不能用于阀的出口存在压力或阀的排放口要接到很远的地方的场合，而且也不能用于液体介质。当然，它也不能当作调节阀、控制阀来使用。

为了使阀芯在开启及回落过程中，能保证与阀座有较好的同心度，可使阀芯的结构设计制造具有导向功能。套筒导向型安全阀，其上部用套筒导向。在阀座口外圈装有调整环，调整环的上下位置，可以改变阀芯开启后介质的流动状况，其结果是直接影响阀的回座压力。

(二) 泄压阀

泄压阀的工作原理也是靠弹簧加载，并利用介质的压力自动开启阀芯。由于这种阀没有手动提把，所以无法进行手动开启。这种阀主要用于液体介质。因其弹簧直接与介质接触，所以它不适用于水、蒸汽、各种气体和蒸气的介质。由于其背压直接影响设定压力，所以也不适用于存在背压的场合，更不宜用作控制阀或旁路阀。这种泄压阀的阀芯开启高度将改变弹簧的作用力。因此，这种阀的开启度与介质的压力增高成正比。

(三) 安全泄压阀

安全泄压阀，其工作原理与安全阀及泄压阀基本相同，所不同的是在阀座的上部及下部设有可上下调整的调整环。上下调整环的相对位置决定了在阀芯开启后介质的流动状况。当阀门开启时，由于上下调整环对介质的排放产生节流作用，使阀芯在开启后，承受的介质压力不变或下降得较少，而阀芯的承压面积由未开启前与阀座相对应的尺寸变为全部的阀芯端面尺寸，其结果使阀芯承受介质的作用力大于阀芯开启前承受的作用力，使之能克服弹簧的作用力，迅速将阀芯打开到足够的高度。由于这种上下调整环所形成对介质的节流作用，使阀能在阀芯一旦因气相介质超压而开启时，立刻达到全开位置或跳跃式开启，并且由于它的出口侧相对于大气侧也是封闭的，所以它既可以当作安全阀，又可当作泄压阀。在实际应用中，这种安全泄压阀一般用于各种气体、蒸气、水蒸气、空气或液体的场合，其介质可以具有腐蚀性。阀的排放口可以通到较远的地点。这种阀不宜在汽包或过热器上安装，也不能用作压力控制及旁路阀。常见的安全泄压阀有两种：一种是普通型安全泄压阀，另一种是平衡型安全泄压阀。这种阀的结构形式使它的起跳压力受其背压所影响，所以这种阀适用于阀的下游不会产生突发性的"憋压"工况，以及阀本身的背压变化范围不超过 10% 的场合。平衡型安全泄压阀，从其结构的布置看，由于阀芯的开启动力不受阀的背压所影响，同时，通过选择上下调整环的设置与否，使这种阀既可以用于阀的下游易"憋压"的场合，也可以用于不"憋压"的场合。这种阀的适用范围较宽，介质可以是气相也可以是液相，可以用于腐蚀性介质，尤其对高黏度的介质尤为有效。因为这种结构将介质与阀芯、阀杆的导向接触部位分开，因而可防止阀芯的卡阻。这种阀由于受力部件仍可能受到出口介质温度的影响，因而不宜安装在汽包或过热器上，也不宜作压力控制及旁路阀用。

(四) 带先导阀的安全泄压阀

带先导阀的安全泄压阀由主阀和先导阀组成，其主阀的开启与关闭受先导阀控制，其先导阀的动作受介质压力及弹簧加载的大小所决定。在正常压力下，带动主阀阀芯的活塞或膜片的上部承受由先导阀而来的介质压力将主阀阀芯关闭。介质的压力超过先导阀的设定值时，先导阀开启（或动作），将作用于主阀阀芯活塞或膜片上部的介质泄放，从而使主阀阀芯下部受到的介质作用力大于阀芯上部受到的作用力，主阀阀芯开启，达到泄压的目的，当介质压力低于先导阀的设定值时，先导阀关闭或向反向动作，使介质重新作用于主阀阀芯的上部，从而关闭主阀。

先导阀可以与主阀安装在一起或接近主阀安装，其压力信号取自主阀。也可以将二者分开安装。由于这种主阀的开启与关闭不再受弹簧控制，取消了弹簧，所以它既能应用于压力更高的场合，也能满足对阀的开启压力误差要求很高的场合，以及存在很高背压的或是要求快速排放的场合。

但是，这种阀也有其局限性。由于先导阀的尺寸往往很小，它要求介质必须很干净，并且这种介质不能在连接管、先导阀内部或主阀阀芯上部的空间内发生聚合而致使先导阀及主阀阀头卡阻的场合使用。它要求介质不应对主阀阀头膜片产生腐蚀作用。其温度也不应超过膜片所能承受的最高温度。这种阀只适用于气相介质。由于先导阀的放空是就地排放，因此在先导阀的安装位置的选择或其放空管的设计时，应考虑其安全及防爆的要求。

在实际应用时，这种阀特别适用于介质为较干净的高压系统、大型的低压储罐以及阀的背压很高的场合。

（五）呼吸阀

呼吸阀用于储罐压力或真空度过高时，能使过高的压力自动排放或使过高的真空度破坏，从而达到保护储罐不致损坏的目的。重力式呼吸阀，它利用控制单位面积阀片的重量来保证在储罐承受过高的压力或真空度时能及时开启。带先导阀的呼吸阀，它与重力式呼吸阀不同，当储罐压力过高或真空度过高时，先导型呼吸阀虽然只有一个阀口，但在发生上述两种情况时，都能及时开启。

（六）爆破片

爆破片是用来保护设备不致承受超压或过高的真空的一种安全附件。
安全阀在阀门开启后可以复位，能多次使用，而爆破片是一次性元件。

但是与安全阀相比，爆破片也有许多优点：当介质的压力升高得极为迅速，如容器内发生内爆、剧烈的化学反应时，安全阀由于其阀芯、阀杆、弹簧等运动元件的质量大，惯性滞后明显，容器会因为安全阀的开启速度很难跟上内压的升高速度而超压。在这种场合下，爆破片很适宜这种工况，爆破片因其惯性小而反应迅速；爆破片的密封性能优于安全阀，在剧毒、贵重介质的条件下可视为一种密封可靠的设施；爆破片的工作压力范围大于安全阀的工作压力范围，其排放能力也大于安全阀。爆破片的型式很多，特点各异。

考虑到压力波动所引起的疲劳作用，以及温度所产生的蠕变影响，爆破片的使用寿命以一年为宜。时间过长，爆破片在正常工作压力下突然爆破的可能性就会明显增加。

爆破片与安全泄压阀组合使用时，在这种布置情况下，既保证了泄漏量可以明显下降，又可以在爆破片因介质超压破裂，安全泄压阀开启后，在介质压力下降至正常时，工艺生产系统因安全泄压阀能及时关闭而仍然继续运行。在这种布置中，在安全泄压阀入口与爆破片之间，还要设置压力表及放空阀，以此来判断爆破片是否失效。

第三章

设备安全风险评价

第一节 基本概念

安全风险评价是利用系统工程方法对拟建或已有工程、系统可能存在的危险性机器可能产生的后果进行综合评价和预测，并根据可能导致的事故风险的大小，提出相应的安全对策措施，以达到工程、系统安全的过程。

安全风险评价的目的是应用安全系统工程原理和方法，对工程、系统中存在的危险、有害因素进行查找、识别和分析，判断工程、系统发生事故和急性职业危害的可能性及其严重程度，提出合理可行的安全对策措施，指导危险源监控和事故预防，以达到最低事故率、最小损失和最优的安全投资效益，为工程、系统制定防范措施和管理决策提供科学依据。

一、化工设备安全评价

(一) 化工行业的发展概况

化工行业是国民经济的基础行业。目前，中国的石油和化学工业从石油、天然气等矿产资源勘探开发到石油化工、天然气化工、煤化工、盐化工、国防化工、化肥、纯碱、氯碱、电石、无机盐、基本有机原料、农药、染料、涂料、新领域精细化工、橡胶工业、新材料等，已经形成具有20多个行业、可生产4万多种产品、门类比较齐全、品种大体配套并有一定国际竞争力的工业体系。

近10多年来，我国化工企业发展迅速，区域化工产业带已初步形成。据不完全统计，省级以上人民政府批准建设的新建化工园区已达60多家。如依托长江水系形成长江经济带和长江三角洲地区，上游有重庆长寿化工园、四川西部化工城，下游有南京、无锡、常州、镇江、南通、泰兴、常熟、扬子江和苏州工业园，以及上海化学工业园区；依托珠江水系的珠江经济带和泛珠三角地区，主要有广东湛江、茂名、广州、惠州、深圳、珠海等；沿海地区的化工园区，如环杭州湾地区形成的精细化工园区，山东半岛和环渤海地区的青岛、齐鲁、天津、沧州、大连和福州湄洲湾的泉港、厦门、莆田等均建立了化工园区；一批具有特色的内陆地区化工园区正在崛起，如内蒙古的包头、鄂尔多斯和巴盟化工园区，陕西的神华（煤化工）工业园区，青海西宁经济技术开发区，新疆独山子、乌鲁木齐、克拉玛依、库车和塔里木五大园区和贵州正在形成的依托铝、钛、锰、磷、煤炭、石油以及天然气资源的贵州—遵义产业带等。这些化工园区具有很多的优势：交通运输便利、产品靠近市场、园区内产品和原料相互配套、劳动力便宜、公用工程设施完善等，给投资者创造了比较好的条件。目前，已有美、日、德等国公司进入这些园区，今后还会越来越多。

（二）化工生产特点

化工生产过程中存在许多不安全因素。从安全角度来说，化工生产具有如下特点。

1. 工作介质多易燃易爆

有毒有害和有腐蚀性危险化学品。化工生产中使用的原料、生产过程中的中间体和产品，其中70%以上具有易燃易爆、有毒有害和有腐蚀性的特性。在化工生产中从原料到产品，包括工艺过程中的半成品、中间体、溶剂、添加剂、催化剂、试剂等，许多属于易燃易爆物质，而且多数以气体、液体状态存在，在高温高压等苛刻条件下极易发生泄漏或挥发，甚至发生自燃，如果操作失误违反操作规程或设备管理不善年久失修，发生事故的可能性就增大。一旦发生事故，不仅损伤设备还会造成人员伤亡。

化工过程中的有毒有害物质种类多、数量大。许多原料和产品本身即为毒物，在生产过程中添加的一些物质也多数有毒性，化学反应还会形成一些新的有毒有害物质。这些毒物有的属于一般有毒物质，也有的属于剧毒物质。它们以气、液、固三态存在，并随生产条件的不断变化而改变原来的形态。

化工生产过程中还有些腐蚀性物质。例如，在生产过程中使用一些强腐蚀性的物质，如硫酸、硝酸、盐酸和烧碱等，它们不但对人有很强的化学灼烧作用，而且对金属设备也有很强的腐蚀作用。例如，不同场合使用的泵，其材质是不一样的，就是这个道理。另外，在生产过程中很多原料和产品本身具有较强的腐蚀作用，如原油中含有硫化物就会腐蚀设备管道。化学反应中生成新的具有腐蚀性的物质，如果硫化氢、氯化氢、氮氧化物等，如果在设计时没有考虑到该类腐蚀产物的出现，不但会大大降低设备的使用寿命，还会使设备减薄、变脆，甚至承受不了设备的设计压力而发生突发事故。

2. 生产过程复杂、工艺条件恶劣

现代化工生产过程复杂，从原料到产品，一般都需要经过许多工序和复杂的加工单元，通过多次反应和分离才能完成。化工生产过程广泛采用高温、高压、深冷、真空等工艺，有反应罐、塔、锅炉等各种各样的装置，再加上众多的管线，使工艺装置更加的复杂化。同时，许多介质具有强烈的腐蚀性。受压设备在温度压力不断变化的情况下，常常存在潜在的泄漏、爆炸等危险。如果由于选材不当、材料失误、材质恶劣介质腐蚀、制造缺陷、设计失误、缺陷漏检、操作不当、意外操作条件、难以控制的外部条件原因，压力容器就容易发生事故。有些反应要求的工艺条件苛刻，如丙烯和空气直接氧化产生丙烯酸的反应，物料配比在爆炸极限附近，且反应温度超过中间产物丙烯酸的自燃点，在安全控制上稍有失误就有发生爆炸的危险。因此，世界各国对化工承压设备的安全运行十分关注，做了大量的科学研究工作，从一般的失效分析到安全评定，发展到对提高可靠性、预测寿命课题的开发，建立案例库、专家系统，并向人工智能方向发展，以确保设备的安全运行。

3. 生产规模大型化、生产过程连续化

现代工业生产装置越来越大，以求降低成本，提高生产效率，降低能耗。所以各国都把采用大型装置作为加快工业发展的重要手段。装置的大型化有效地提高了生产效率，但规模越大装置越复杂，危险源增多且不易判断。装置规模大型化在提高企业效率的同时，也使得工业生产中的安全隐患增大。化工生产从原料的输入到产品的输出具有高度的连续性，前后单元息息相关，相互制约，某一环节发生故障往往会影响到整个生产的正常进行。设备一旦发生故障，停产的损失也很大。

4. 生产过程自动化程度高

由于装置大型化、连续化，工艺过程复杂化和工艺参数要求苛刻，因为现代化工生产过程中，人工操作已不能适应其需要，必须采取自动化程度较高的系统。近年来，随着计算机技术的发展，化工生产中普遍采用了DCS集散型控制系统，对生产过程中的各个参数及开停车情况实行监控、控制和管理，从而有效地提高了控制的可靠性。但是控制系统和仪器仪表维护不好，性能下降，也可能因检测或控制失效而发生事故。

5. 事故应急救援难度大

由于大量的易燃易爆物品、复杂的管线布置增加了事故应急救援的难度；一些管道、反应装置直接阻挡了最佳的救援路线，扑救必须迂回进行，施救难度大。

(三) 化工设备安全的要求

化工装置大型化，在基建投资和经济效益方面的优势是无可非议的。但是，大型化是把各种生产过程有机地联合在一起，输入输出都是在管道中进行的。许多装置互相连接，形成一条很长的生产线。规模巨大、结构复杂，不再有独立运转的装置，装置之间互相作用、互相制约。这样就存在许多薄弱环节，使系统变得比较薄弱。为了确保生产装置的正常运转并达到规定目标的产品，装置的可靠性研究变得越来越重要。所谓可靠性是指系统设备元件在规定条件，规定时间下完成规定功能的概率。可靠性研究用得较多的是概率统计方法。化工装置可靠性研究，需要完善数学工具，建立化工装置和生产的模拟系统。概率与数理统计方法，以及系统工程学方法将更多地渗入化工安全研究领域。

化工装置大型化，加工能力显著增大，大量化学物质都处在工艺过程中，增加了物料外泄的危险性。化工生产中的物料，大多本身就是能源或毒性源，一旦外泄就会造成重大事故，给生命和财产带来巨大灾难。这就需要对过程物料和装置结构材料进行更为详尽的考察，对可能的危险做出准确的评估并采取恰当的对策，对化工装置的制造加工工艺也提出了更高的要求。化工安全设计在化工设计中变得更加重要。

化工装置大型化，必然带来是生产的连续化和操作的集中化，以及全流程的自动控制。省掉了中间储存环节，生产的弹性大大减弱。生产线上每一环节的故障都会对全局产生严重的影响。对工艺设备的处理能力和工艺过程的参数要求更加严格，对控制系统和人员配置的可靠性也提出了更高的要求。

新材料的合成新工艺和新技术的运用，可能会带来新的危险性。面临从未经历过的新的工艺过程和新的操作，更加需要辨识危险，对危险进行定性和定量的评价，并根据评价的结果采取优化的安全措施。对危险进行辨识和评价的安全评价技术的重要性越来越突出。

化学工业的技术进步，为满足人类的衣食住行等诸方面的需求做出了重要的贡献。但作为负面结果，在化学工业生产过程中也出现了新的危险性。化工安全必须采取新的理论方法和新的技术手段应对化学工业生产中出现的新的隐患，与化学工业同步发展。

化学工业的初期只是伴有化学反应的工艺制造过程，进而包括以过程产品为原料的工业。化学工业随着技术的进步和市场的扩大迅速发展起来，目前已占整个制造业的30%以上，在化工生产中，从原料中间体到成品，大都具有易燃易爆毒性等化学危险性；化工工艺过程复杂多样化，高温、高压、深冷等不安全的因素很多。事故的多发性和严重性是化学工业独有的特点。

大多数的化工危险都具有潜在的性质，即存在"危险源"，危险源在一定的条件下可发展成为"事故隐患"，而事故隐患继续失控下去则转化为事故的可能性会大大增加。因此，可以得出以下结论，即危险失控，可导致事故；危险受控，能获得安全。所以，辨识危险源成为重要问题。目前，国内外流行的安全评价技术，就是在危险源辨识基础上，对存在的危险源进行定性和定量的评价，并根据评价的结果采取优化的安全措施。提高化工生产的安全性，需要增加设备的可靠性，同样也需要加强现代化的安全管理。

二、化工设备风险评价

化工设备涉及面十分广泛，如动力设备、输送设备、分离设备、压力容器、管线阀门等。随着科技的发展，大型化、自动化和连续化的工艺对这些设备的要求越来越高。尤其是石油化工生产的特殊要求，这些设备大多是在恶劣的环境下运行，如高温、高压、低温、高真空度、变载荷，如严重的腐蚀环境、有毒及易燃易爆环境等。一旦发生事故，不仅仅影响生产，而且会对装备、工厂造成巨大的破坏，造成严重的人身伤亡事故，造成严重的环境污染。所以，石油化工设备安全问题是一个非常重要的问题，必须有充分的措施保证其安全运行。

(一) 化工设备的主要特点

1. 化工设备的类型

化工装备是化工生产中的重要物质基础 . 也是化工生产中的重大危险源。生产中的各种化学、物理过程往往在密闭的状态下连续进行，在这些过程中，都需要使用各种设备、机器。例如，换热设备、塔设备、干燥设备、分离设备、储罐、压缩机、泵等，以完成生产过程中的各种化学反应热量交换、不同成分的分离、各种原料的传输气体压缩、原料和产品的储存等。按其运行特点来分，常可分为静设备和动设备两类。

化工设备又称静设备。涉及化工过程领域的绝大多数单元操作和化工反应过程，都是在化工设备这一特定空间内进行的，尽管这些设备尺寸大小不一，形状结构不同，内部构造的形式更是多种多样，但是它们都有一个外壳，这个外壳就称作压力容器，它是化工设备的一个基本组成部分。因此，相对于其他机械设备而言，化工设备的结构简单，都是由一个密闭的压力容器外壳加上内外附件构成。

（1）压力容器构成。虽然化工设备的种类较多，但其容器构成基本都是相似的，主要由封头、筒体、开孔、接管法兰人孔 (手孔)、支承及安全附件等构成。

（2）内附件。不同的化工设备具有不同的功能内件，如换热设备内部的传热管束塔设备内的传质原件 (塔盘、填料、除沫器等)、反应釜内的搅拌器、储存设备没有内附件等。

（3）外附件。有时根据安装、操作和维修的需要，设备还有一些外部附件，如保温层吊柱、扶梯、操作平台等。

2. 化工设备的特点

化工设备都是按照化工生产过程要求的不断变化而发展起来的。因此，与通常的产业机械设备相比，有着以下显著特点。

（1）功能原理多样化。化工设备及技术与"化工过程"的原理密不可分。

设备的设计、制造及运行在很大程度上依赖于设备内部进行的各种物理或化学过程以及设备外部所处的环境条件，或者说，化工生产过程是"化工设备"的前提。由此，化工生产过程的介质特性、工艺条件、操作方法以及生产能力的差异，也就决定了人们必须根据设备的功能、条件、使用寿命、安全质量以及环境保护等要求，采用不同的材料、结构和制造工艺对其进行单独设计。从而，使得在工业领域中所使用的化工设备的功能原理、结构特征多种多样，并且设备的类型也比较繁多。例如，换热设备的传热过程，根据工艺条件的要求不同，可以利用加热器或冷却器实现无相变传热，也可以采用冷凝器或重沸器实现有相变的传热。

（2）外部壳体多是压力容器。对于处理如气体、液体和粉体等这样一些流体材料为主的化工设备，通常都是在一定温度和压力条件下工作的。尽管它们的服务对象不同、形式多样、功能原理和内外结构各异，但一般都是由限制其工作空间且能承受一定温度和压力载荷的外壳（简体和端部）和必要的内件所组成。从强度和刚度分析，这个能够承受压力载荷的外壳体即是压力容器。

压力容器及整个设备通常是在高温、高压、高真空、低温、强腐蚀的条件下操作，相对其他行业来讲，工艺条件更为苛刻和恶劣，如果在设计、选材、制造、检验和使用维护中稍有疏忽，一旦发生安全事故，其后果不堪设想。

（3）化–机–电技术紧密结合。随着现代工业技术的发展，对物料、压力、温度等参数实施精确可靠控制，以及对设备运行状况进行适时监测，已是化工设备高效、安全、可靠运行的保证。为此，生产过程中的成套设备都是将化工过程、机械设备及控制技术三个方面结合在一起，实施"化–机–电"技术的一体化，对设备操作过程进行控制。这不仅是化工设备在应用上的一个突出特点，也是设备应用水平不断提高的一个发展方向。

（4）设备结构大型化。随着先进生产工艺的提出以及设计、制造和检测水平的不断提高，许多行业对使用大型高负荷化工设备的需求日趋增加。尤其是大规模、专业化、成套化生产带来的经济效益，使得设备结构的特征更加明显。例如，使用中的乙烯换热器的最大直径已经达到 2.4 m；石化炼油工业中使用的高压加氢反应器，由于国外解决了抗氢材料及一系列制造技术问题，现在可以制造直径 6 m 壁厚 450 mm、质量为 1200 t 的大型热壁高压容器。中国目前设备最大壁厚也可以达到 200 mm，质量达 560 t。

(二) 化工设备事故特点与风险类型

1. 化工设备事故特点与失效模式

化工设备是承受高温、高压、低温、高度真空和处理易燃易爆有腐蚀、有毒介质，完成复杂工艺的工具。一旦发生事故，其后果相当严重，轻者会使设备损坏、失效，影响装置的正常运行，重者还会引起着火爆炸、窒息中毒和灼伤等人身伤亡的严重后果。

由于化工设备在高温高压等苛刻条件下运行，材料比较容易恶化，其劣化的形式可分为经历过的及未经历过的两大类型经历过的劣化有两种不同的形式，即渐进型及突发型。

渐进型的劣化是指在一定的时间过程中，定量观察，预先可以发现设备功能递减的劣化。渐进型的劣化可以进一步区分为磨耗和疲劳两种形式。磨耗是指如轴承或垫片的磨损等事先可预知的渐进的劣化形式。疲劳发生则像针孔和裂纹一样，虽然是不可预知的，但是一旦发现，劣化的渐进即可被观察到。一般来说，渐进型劣化是最容易维修的。因为设备的估计寿命或故障可能发生的时间，可以根据渐进劣化的过程推断而知。

突发型的劣化也可以分成两种形式，即潜在型和外部型。潜在型是指故障的原因已经存在于设备的内部，一有机会就会发作；外部型是指由于设备外部的一些条件而引起的劣化。劣化影响的严重程度是采用何种维修方针所考虑的因素之一。在石油化工厂一般可分为五个等级。

一级：对系统造成致命性的损坏。

二级：对系统的运行造成一定的影响。

三级：对单台设备本身的功能带来递减。

四级：对设备目前尚无影响，但如对劣化不及时维修，将会发展成为一种故障。

五级：十分轻微，不完全担心会发展为一种故障，但还是维修为好。

在石油化工厂导致设备劣化和失效的原因很多，条件也很复杂、如腐蚀与冲蚀、应力交变、温度变化、压力或负荷变化、磨损、地震、风载荷等。

2. 化工设备的事故风险

（1）燃烧与爆炸。燃烧是一种放热发光的化学反应，也是化学能转变成热能的过程。爆炸的重要特征是爆炸点周围介质发生急剧的压力突跃。按照物质产生爆炸的原因和性质不同，与化工设备一样，化工机械爆炸现象有化学与物理爆炸之分，包括物质在发生极迅速的化学反应过程中形成高温高压和新的反应物而引起的化学爆炸；或者因气体压力过高，超过管道与储气罐材料的强度极限时而引起的物理爆炸。

（2）腐蚀与污染。腐蚀不但对人有不同程度的化学性灼伤作用，而且对金属设备也有较强的腐蚀性，同时还会使机器性能急剧下降。腐蚀将会使零部件减薄变脆造成机件破坏，甚至承受不了原设计压力而引起断裂、泄漏、着火爆炸事故。泄漏则会造成对环境的污染。

（3）磨损与疲劳。在化工装备试车、运行过程中，其机械作用引起的常见事故原因是运动副的磨损、材料的塑性变形和疲劳破坏。按照磨损造成化工机械磨损表面破坏的机制，主要可分为黏着磨损磨料磨损和腐蚀磨损等类型。其中，压缩机、风机、泵和离心机的主轴与承轴之间、活塞与活塞环之间的磨损为黏着磨损。外界硬颗粒或者对磨表面上的硬凸起物在摩擦过程中引起表面材料脱落的现象为磨料磨损。在腐蚀和磨损的重复作用下，主要是因为腐蚀原因造成的磨损称为腐蚀磨损。此种磨损往往与黏着、磨料磨损结合在一起同时产生。有关磨损问题的详细分析，可参阅摩擦学方面的书籍。

（4）噪声与振动。噪声除损害职工身体外，还可能对环境造成噪声的污染，石油化工采用泵的噪声主要有流体噪声和机械噪声两类。流体噪声是由于泵系统中流体的周期性脉动、汽蚀和泵的实际运行点远离允许运行范围时产生的。机械噪声则是由于地脚螺栓松动垫片未垫实、轴弯曲、叶轮不平衡、滚动轴承滚珠破碎、滑动轴承间隙过大、口环间隙过小和平衡盘研磨等原因产生的。化工机器在运行中，由于种种原因而产生的机组强烈异常振动是化工机器常见的一种故障。强烈的振动将严重影响化工机器运转的可靠性，甚至引起机器、管道疲劳断裂，造成爆炸等破坏性事故。同时，振动本身还直接危害职工的身体健康，引起神经系统和心血管疾病。

（5）汽蚀与喘振。所谓汽蚀现象即是当液体在急剧汽化过程中，产生大量气泡。随液体进入高压区时，在压差作用下被压碎，突然破灭、消失，此时，在材料的局部表面上产生的局部压力可达到上百兆帕，金属表面在巨大压力的高频连续冲击下产生疲劳点蚀破坏，加之气泡凝结时放出氧气，对金属表面产生化学腐蚀作用（又称侵蚀），从而加快金属零件的破坏。离心泵在严重的汽蚀状态下运行，将使泵的流量、扬程和效率显著降低，甚至无法工作。因此，在设计和操作中应设法提高离心泵抗气蚀性能，以防汽蚀发生。

第二节　机械安全风险评价程序

对机器进行风险评价是实现机械安全的重要方法，贯穿于机器的设计、制造、使用、维修、拆卸和回收等寿命周期的各个阶段。风险评价具有较强的理论性，实施过程也比较复杂。

机械安全风险评价程序包括确定分析范围（对象）、识别危险、评价初始风险、（采取措施）减小风险、评价遗留风险等几项内容。

（一）确定分析范围

在进行评价之前，评价小组应非常清楚项目有关参数。风险评价小组为管理者提供项目参数信息，这些限制与设备或产品设计、设施或位置、环境、正常使用和可合理预见的错误使用、暴露时间、特定的使用者等有关。限制可能包括具体任务、位置、操作状态或空间限制。其他的限制包括受危害对象，如人员、财产，设备、生产效率或环境，评价小组应记录分析参数，以便于全面理解和交流评价的本质。这一步的关键在于建立可接受的风险等级。

（二）危险识别

对于所有工业，危险识别是风险评价首先要做的，也是最重要的部分，初始分析没有被识别到的危险可能产生实质风险，危险识别不充分，风险评价很可能没有效果。

危险识别有很多方法，不同方法取决于危险情况的复杂性。"基于任务的危险识别方法"在风险评价方法中被广泛采用,效果很好,因为其长于全面识别危险。

(三)评价初始风险

在采取风险减小措施之前和之后都应进行风险评价,风险水平分别定义为初始风险水平和遗留风险水平。评价初始风险应在没有采取风险减小措施之前进行。评价初始风险分四个步骤:选择风险打分系统、评价结果的严重程度、评价可能性、得出初始风险水平。

(四)减小风险

减小风险需要考虑优先原则、使用危险控制等级、确定减小风险措施和检查新风险。根据初始风险评价的结果,减小重大风险,不是所有的风险等级都相同,首先考虑高风险,而后考虑较低风险,这样有利于重大风险的有效减小。风险减小的五项措施依照由高到低递减顺序分别为安全设计、采取防护装置、警告信息、培训及个体防护装置。

(五)评价遗留风险

一旦选择了可行的风险减小方法,风险评价导则要求对危险严重程度和可能性等风险要素进行第二次评价,应进行遗留风险评价确认选择措施对于减小风险的有效性。

(六)做决定

知道了遗留风险,应该做出接受或进一步减小遗留风险的决定。该决定验证所选择的防护措施是否把风险降低到可接受水平,必要时风险评价小组向管理层汇报确定风险是否可接受。

(七)记录结果

风险评价过程的最后一步是记录结果。应记录风险评价要求和推荐的每个标准和指南,风险评价应记录任务、危险、把危险减小到可接受水平的风险减小方法。

第三节　风险评价方法及工具

　　安全风险评价方法是进行定性、定量安全风险评价的工具。安全风险评价的内容十分丰富，安全风险评价的目的和对象不同，安全风险评价的内容和指标也不同。目前，安全风险评价方法有很多种，每种评价方法都有其适用范围和应用条件，在进行安全风险评价时，应根据安全风险评价的对象和要达到的评价目的，选择适用的安全风险评价方法。

一、安全检查表分析

　　安全检查表是进行安全检查，发现工程、系统中各种设备设施、物料、工件、操作、管理和组织措施中的潜在危险与有害因素、督促各项安全法规、制度、标准实施的一个较为有效的工具。这种事先把检查对象加以分解，将大系统分割成若干小的子系统，以提问或打分的形式，将检查项目列表逐项检查，避免遗漏，这种表称为安全检查表。安全检查表很早就用于安全工作中。它是安全系统工程中最基础、最初步的一种形式。

（一）安全检查表方法介绍

1.安全检查表概念

　　安全检查表实际上就是一份实施安全检查和诊断的项目明细表，是安全检查结果的备忘录。通常为检查某一系统、设备以及各种操作管理和组织措施中的不安全因素，事先对检查对象加以剖析、分解、查明问题所在，并根据理论知识、实践经验、有关标准、规范和事故情报等进行周密细致的思考，确定检查的项目和要点，以提问方式，将检查项目和要点按系统编制成表，以备在设计或检查时，按规定的项目进行检查和诊断，这种表就叫安全检查表。

　　安全检查表在安全系统工程诸方法中，是一种最基础、最初步的方法，如危险性预先分析、故障模式及影响分析、事故树分析、事件树分析等，都是在这个基础上发展起来的。它不仅是实施安全检查的一种重要手段，也是预测和预防潜在危险因素的一个有效工具。

2. 安全检查表的特点

安全检查表是用系统工程的观点，组织有经验的人员，首先将复杂的系统分解成为子系统或更小的单元，然后集中讨论这些单元中可能存在什么样的危险性、会造成什么样的后果、如何避免或消除它等。由于可以事先组织有关人员编制，容易做到全面周到，避免漏项。经过长时期的实践与修订，可使安全检查表更加完善。具体来说包括以下几个特点。

（1）系统、完整，能包括控制事故发生的各种因素。

（2）检查目的明确，内容具体，易于实现安全要求。

（3）逐项检查的过程，也是对系统危险因素辨识、评价和制定出措施的过程，既能准确地查出隐患，又能得出确切的结论。

（4）检查表是与有关责任人紧密联系的，所以易于推行安全生产责任制。

（5）安全检查表是通过问答的形式进行检查的过程，所以使用起来简单易行。

3. 安全检查表的作用

由于安全检查表是通过组织有关专家、学者、专业技术人员，经过详细的调查和讨论，采用系统工程的观点，根据已有的规章制度和标准规程等，进行全面的科学分析编制而成的，可以做到系统化、完整化，不漏掉任何能够导致危险的关键因素，所以，它可以为新系统、新工艺、新装备的设计人员提供安全设计的相关资料和清晰明确的安全要求，也可以为工程设计和验收提供安全审查的可靠依据。

另外，依据安全检查表，可以明确检查项目和各方责任，使检查工作做到突出重点、尽量避免遗漏和不流于形式，所以安全检查表可以在安全管理工作中发挥着巨大的作用，具体有以下几个方面。

（1）安全检查人员能根据检查表预定的目的、要求和检查要点进行检查，做到突出重点，避免疏忽、遗漏和盲目性，及时发现和查明各种危险和隐患。

（2）针对不同的对象和要求编制相应的安全检查表，可实现安全检查的标准化、规范化。同时也可为设计新系统、新工艺、新装备提供安全设计的有用资料。

（3）依据安全检查表进行检查，是监督各项安全规章制度的实施和纠正违章指挥、违章作业的有效方式。它能克服因人而异的检查结果，提高检查水平，同时也是进行安全教育的一种有效手段。

（4）可作为安全检查人员或现场作业人员履行职责的凭据，有利于落实安全生产责任制，同时也可为新老安全员顺利交接安全检查工作打下良好的基础。

（二）安全检查表的步骤

一旦确定检查的范围，安全检查表分析应包括以下几个主要步骤。

1. 选择安全检查表

安全检查表分析方法是一种经验为主的方法。安全评价人员从现有的检查表中选取一种适宜的检查表（例如已有的机械工厂安全检查表、非煤矿山安全检查表、石油化工安全检查表等），如果没有具体的、现成的安全检查表可用，分析人员必须借助已有的经验，编制出合适的安全检查表。编制安全检查表评价人员应有丰富的经验，最好具有丰富的生产工艺操作经验，熟悉相关的法规、标准和规程。

安全检查表的条款应尽可能完善，以便可以有针对性地对系统的设计和操作检查。

2. 编制安全检查表

系统的功能分解。一般工程系统（装置）都比较复杂，难以直接编制出总的检查表。可按系统工程观点将系统进行功能分解，建立功能结构图。这样既可显示各构成要素、部件、组件、子系统与总系统之间的关系，又可通过各构成要素的不安全状态的有机组合求得总系统的检查表。

人、机、物、管理和环境因素。如以生产车间为研究对象，生产车间是一个生产系统，车间中的人、机、物、管理和环境是生产系统中的子系统。从安全观点出发，不只是考虑"人－机系统"，还应该考虑"人－机－物－管理环境系统"。

潜在危险因素的探求。一个复杂的或新的系统，人们一时难以认识其潜在危险因素和不安全状态，对于这类系统可采用类似"黑箱法"原理来探求。即首先设想系统可能存在哪些危险及其潜在部分，并推论其事故发生过程和概率，然后逐步将危险因素具体化，最后寻求处理危险的方法。通过分析不仅可以发现其潜在危险因素，而且可以掌握事故发生的机制和规律。

3. 安全检查

对现有系统装置的安全检查，应包括巡视和自检检查主要工艺单元区域。在巡视过程中，检查人员按检查表的项目条款对工艺设备和操作情况逐项比较检查。检查人员依据系统的资料，对现场巡视检查、与操作人员的交谈以及凭个人主观感觉来回答检查条款。当检查的系统特性或操作有不符合检查表条款上的具体要求时，分析人员应记录下来。

4. 出具评价结果

检查完成后，将检查的结果汇总和计算，最后列出具体安全建议和措施。

二、事故树分析

事故树分析又称故障树分析，是安全系统工程最重要的分析方法。20世纪 60 年代初期，美国贝尔电话研究所为研究民兵式导弹发射控制系统的安全性问题开始对故障树进行开发研究，为解决导弹系统偶然事件的预测问题做出了贡献。随后，波音公司的科研人员进一步发展了 FTA 方法，使之在航空航天工业方面得到应用。

(一) 事故树分析的程序

1. 确定顶上事件

所谓顶上事件，即人们所不期望发生的事件，也是要进行分析的对象事件。顶上事件的确定可依据所需分析的目的直接确定或在调查事故的基础上提出。两者均应调查和整理过去的事故，以获得资料。除此，也可事先进行事件树分析或故障类型和影响分析，从中确定顶上事件。

2. 理解系统

要确实了解掌握被分析系统的情况，如工作系统的工作程序、各种重要参数、作业情况及环境状况等。必要时，画出工艺流程图和布置图。

3. 调查事故、查明原因

应尽量广泛地了解所有事故，不仅要包括过去已发生的事故，而且也要包括未来可能发生的事故；不仅包括本系统发生的事故，也包括同类系统发生的事故。查明能造成事故的各种原因，包括机械故障、设备损坏、操作失误、管理和指挥错误、环境不良因素等。

4. 确定目标值

根据以往的事故经验和同类系统的事故资料进行统计分析，得出事故的发生概率（或频率），然后根据这一事故的严重程度，确定要控制的事故发生概率的目标值。

5. 构造事故树

这是事故树分析的核心部分之一。根据上述资料，采用演绎分析方法，即先确定事故的结果，称为顶上事件或目标事件，画在最顶端；找出它的直接原因或构成它的缺陷事件，诸如设备的缺陷和操作者的失误等，这是第一层；进一步找出造成第一层事件的原因，成为第二层。按照这样一层一层地分析下去，直到找到最基本原因事件为止。每层之间用逻辑符号连接以说明它们之间的关系。整个分析过程类似一株倒挂树形，其末梢就是构成事故的基本原因。

6. 定性分析

依据所构造出的事故树图，列出布尔表达式，经解算，求出最小割集、最小径集（根据成功树），确定出各基本事件的结构重要度。

7. 定量分析

根据各基本事件的发生概率求出顶上事件的发生概率。把求出的概率与通过统计分析得出的概率进行比较，如果两者不符，必须重新分析研究已构造出的事故树是否正确完整，各基本原因事件的故障率是否估计过高或过低等。在求解出顶上事件概率的基础上，进一步求出各基本事件的概率重要系数和临界重要系数。在分析时，若当事故发生概率超过预定概率目标时，要研究降低事故发生概率的所有可能，从中选出最佳方案；或者寻找消除事故的最佳方案。进而通过各重要度分析，选择治理事故的突破口，或按重要度系统值排列的大小，编制不同类型的安全检查表，以加强人为控制。

8. 制定预防事故（改进系统）措施

在定性或定量分析的基础上，根据各可能导致事故发生的基本事件组合（最小割集或最小径集）的可预防的难易程度和重要度，结合本企业的实际能力，制定出具体、切实可行的预防措施，并付诸实行。

上述的事故树分析程序包括了定性和定量分析两大类。从实际应用而言，由于我国目前尚缺乏设备的故障率和人的失误率的实际资料，故给定量分析带来很大困难或不可能，所以在事故树分析中，目前一般只进行定性分析。但实践表明，定性分析也能取得好的效果。

(二) 事故树定性分析

事故树定性分析，是根据事故树求取其最小割集或最小径集，确定顶上事件发生的事故模式、原因及其对顶上事件的影响程度，为经济有效地采取预防对策和控制措施，防止同类事故发生提供科学依据。

1. 最小割集及其求法

（1）最小割集的概念。割集，亦称截止集或截集，它是导致顶上事件发生的基本事件的集合。事故树中，一组基本事件发生能够导致顶上事件发生，这组基本事件就称为割集。

最小割集的定义：导致顶上事件发生的最低限度的割集。它是起码的基本事件的组合，由于是最小割集，所以一个最小割集不能包含另一个最小割集。

（2）最小割集的求法。最小割集通常有5种：布尔代数化简法、行列法、结构法、质数代入法和矩阵法。

从顶事件开始，逐级向下寻查，找出割集。因为只就上下相邻两级来看，与门只增加割集阶数；或门只增加割集个数，不增加割集阶数。所以规定在下行过程中，顺次将逻辑门的输出事件置换为输入事件。遇到与门就将其输入事件排在同一行，遇到或门就将其输入事件各自排成一行，这样直到全部换成底事件为止，这样得到的割集再通过两两比较，划去那些非最小割集，剩下即为故障树的全部最小割集。

2. 最小径集及其求法

（1）最小径集的概念。径集又称通集，即如果事故树中某些基本事件不发生，则顶上事件不发生，这些基本事件的集合称为径集。径集是系统可靠性工程的概念。最小径集是顶上事件不发生所必需的最低限度的径集。求最小径集可利用它与最小割集的对偶性。

（2）求解步骤。①把事故树事件的发生用事件不发生代替，把"与"门换成"或"门，把"或"门换成"与"门，便可得到与原事故树对偶的成功树。②求成功树的最小割集，就是原事故树的最小径集。

(三) 事故树定量分析

事故树的定量分析首先是确定基本事件的发生概率，然后求出事故树顶上事件的发生概率。求出顶上事件的发生概率之后，可与系统安全目标值进行比较和评价，当计算值超过目标值时，就需要采取防范措施，使其降至安全目标值以下。

1. 事故树定量分析的任务

在求出各基本事件发生概率的情况下，计算或估算系统顶上事件发生的概率以及系统的有关可靠性特性，并以此为依据，综合考虑事故 (顶上事件) 的损失严重程度，与预定的目标进行比较。如果得到的结果超过了允许目标，则必须采取相应的改进措施，使其降至允许值以下。

2. 定量分析应满足的条件

（1）各基本事件的故障参数或故障率已知，而且数据可靠，否则计算结果误差大。

（2）在事故树中应完全包括主要故障模式。

（3）对全部事件用布尔代数做出正确的描述。

另外，一般还要做三点假设。

①基本事件之间是相互独立的。

②基本事件和顶上事件都只有两种状态一发生或不发生 (正常或故障)。

③一般情况下，故障分布都假设为指数分布。

三、预先危险性分析

预先危险性分析方法是一种起源于美国军用标准安全计划要求方法。该方法是在某项工作开始之前，为实现系统安全而对系统进行的初步或初始的分析，包括设计、施工和生产前，首先对系统中存在的危险性类别、出现条件，导致事故的后果进行分析，识别系统中的潜在危险，确定其危险等级，防止危险发展成事故。

预先危险性分析方法通常用于对潜在危险了解较少和无法凭经验觉

察的工艺项目的初期阶段，通常用于初步设计或工艺装置的研究和开发阶段。当分析一个庞大的现有装置或无法使用更为系统的方法时，常优先考虑PHA 法。

(一) PHA 的目的

通过预先危险分析 (PHA)，力求达到以下 4 个目的。

(1) 大体识别与系统有关的主要危险。

(2) 鉴别产生危险的原因。

(3) 预测事故出现对人体及系统产生的影响。

(4) 判定已识别的危险性等级，并提出消除或控制危险性的措施。

(二) 预先危险分析步骤

(1) 通过经验判断、技术诊断或其他方法调查确定危险源 (即危险因素存在于哪个子系统中)，对所需分析系统的生产目的、物料、装置及设备、工艺过程、操作条件以及周围环境等，进行充分详细的了解。

(2) 根据过去的经验教训及同类行业生产中发生的事故 (或灾害) 情况，对系统的影响、损坏程度，类比判断所要分析的系统中可能出现的情况，查找能够造成系统故障、物质损失和人员伤害的危险性，分析事故 (或灾害) 的可能类型。

(3) 对确定的危险源分类，制成预先危险性分析表。

(4) 转化条件，即研究危险因素转变为危险状态的触发条件和危险状态转变为事故 (或灾害) 的必要条件，并进一步寻求对策措施，检验对策措施的有效性。

(5) 进行危险性分级，排列出重点和轻、重、缓、急次序，以便处理。

(6) 制定事故 (或灾害) 的预防性对策措施。

(三) 预先危险性分析的内容

PHA 的内容可归纳几个方面。

(1) 识别危险的设备、零部件，并分析其发生的可能性条件。

(2) 分析系统中各子系统、各元件的交接面及其相互关系与影响。

（3）分析原材料、产品，特别是有害物质的性能及储运。

（4）分析工艺过程及其工艺参数或状态参数。

（5）人、机关系（操作、维修等）。

（6）环境条件。

（7）用于保证安全的设备、防护装置等。

（四）PHA 的要点

1. 划分危险性等级

在分析系统危险性时，为了衡量危险性的大小及其对系统破坏程度，将各类危险性划分为 4 个等级：安全的、临界的、危险的、灾难性的。

2. 考虑工艺特点列出危险性和危险状态

在预先危险性分析中，应考虑工艺特点，列出其危险性和危险状态：

（1）原料、中间和最终产品以及它们的反应活性。

（2）操作环境。

（3）装置设备。

（4）设备布置。

（5）操作活动（测试、维修等）。

（6）系统之间的连接。

（7）各单元之间的联系。

（8）防火及安全设备。

3. 考虑一些因素

分析组在完成 PHA 过程中应考虑以下因素：

（1）危险设备和物料，如燃料，有毒物质，爆炸、高压系统，其他储运系统。

（2）设备与物料之间与安全有关的隔离装置，如物料的相互作用、火灾、爆炸的产生和扩大、控制，停车系统。

（3）影响设备和物料的环境因素，如地震、振动、洪水、极端环境温度、静电、放电、湿度。

（4）操作、测试、维修及紧急处置规程，如人为失误的可能性，操作人员的作用，设备布置、可接近性，人员的安全保护。

（5）辅助设施，如储槽、测试设备、培训、公用工程。

（6）与安全有关的设备，如调节系统、备用设备、灭火及人员保护设备。

四、作业条件危险性分析

美国的 K.J. 格雷厄姆和 G. F. 金尼研究了人们在具有潜在危险环境中作业的危险性，提出了以所评价的环境与某些作为参考环境的对比为基础的作业条件危险性评价法。评价方法介绍如下。

LEC 法是一种简单易行的评价人们在具有潜在危险性环境中作业时的危险性半定量评价方法。它是用于系统风险率有关的三种因素指标值之积来评价系统人员伤亡风险大小的，这三种因素是：L——发生事故的可能性大小。E——人体暴露在这种危险环境中的频繁程度。C——一旦发生事故会造成的损失后果。但是，要取得这三种因素的科学准确的数据，却是相当烦琐的过程。为了简化评价过程，可采取半定量计值法，给三种因素的不同等级分别确定不同的分值，再以三个分值的乘积 D 来评价危险性的大小。即 $D=LEC$。D 值大，说明该系统危险性大，需要增加安全措施，或改变发生事故的可能性，或减少人体暴露于危险环境中的频繁程度，或减轻事故损失，直至调整到允许范围。

（一）发生事故的可能性（L）

L——发生事故的可能性大小。事故或危险事件发生的可能性大小，当用概率来表示时，绝对不可能的事件发生的概率为0。而必然发生的事件的概率为1。然而，在做系统安全考虑时，绝不发生事故是不可能的，所以人为地将"发生事故可能性极小"的分数定为0.1，而必然要发生的事件的分数定为10，介于这两种情况之间的情况指定了若干个中间值。

（二）暴露于危险环境的频繁程度（E）

E——暴露于危险环境的频繁程度。人员出现在危险环境中的时间越多，危险性越大。规定连续出现在危险环境的情况定为10，而非常罕见地出现在危险环境中定为0.5。同样，将介于两者之间的各种情况规定若干个中间值。

(三) 发生事故产生的后果 (C)

C——发生事故产生的后果。事故造成的人身伤害变化范围很大，对伤亡事故来说，可从极小的轻伤直到多人死亡的严重结果。由于范围广阔，所以规定分数值为 1~100，把需要救护的轻微伤害规定分数为 1，把造成多人死亡的可能性分数规定为 100，其他情况的数值均在 1 与 100 之间。

(四) 危险等级划分 (D)

D——危险性分值。根据公式就可以计算作业的危险程度，但关键是如何确定各个分值和总分的评价。

五、因果分析图法

因果分析法是把系统中产生事故的原因及造成的结果所构成错综复杂的因果关系，采用简明文字和线条加以全面表示的方法称为因果分析法。用于表述事故发生的原因与结果关系的图形为因果分析图。因果分析图的形状像鱼刺，故也叫鱼刺图。该图是日本武城工业大学校长石川馨发明的，所以有人也将其称为石川图。

(一) 事故的因果关系及顺序

事故是属于一定条件下可能发生、也可能不发生的随机事件。引起事故发生的一系列条件之间呈相互依存与制约的关系。这种相互依存和相互制约的关系之一就是因果关系。必然引起别的现象的事件叫作原因。而被原因所引起的另外的现象就是结果。因果关系具有继承性 (或称非单一性)，即第一阶段的结果往往是第二阶段的原因。

事故的发生是由特定的因素决定的，任何特定因素都可能同时存在，并激发特定的若干事件和情况。海因里希提出的观点认为，事故的发生按照以下 5 个因素的顺序进行。

人体本身→按人的意志进行的动作→潜在的危险→发生事故→人体受伤害。

也有的学者认为上述的 5 个因素是：社会环境和管理，人为过失所引起的危险性，物的不安全因素或状态引起的危险性，意外事件，人体受伤害。它们犹如连锁反应一样，按照因果关系依次发生。

(二) 因果分析图法图形绘制

鱼刺 (因果) 图是由原因和结果两部分组成的。一般情况下，可从人的不安全行为 (安全管理、设计者、操作者等) 和物质条件构成的不安全状态 (设备缺陷、环境不良等) 两大因素中从大到小，从粗到细，由表及里，深入分析。

在绘制图形时，一般可按下列步骤进行。

(1) 确定要分析的某个特定问题或事故，写在图的右边，画出主干，箭头指向右端。

(2) 确定造成事故的因素分类项目，如安全管理、操作者、材料、方法、环境等，画大枝。

(3) 将上述项目深入发展，中枝表示对应的项目造成事故的原因，一个原因画出一个枝，文字记在中枝线的上下。

(4) 将上述原因层层展开，一直到不能再分为止。

(5) 确定因果鱼刺图中的主要原因，并标上符号，作为重点控制对象。

(6) 注明鱼刺图的名称。

第四节　风险减小

风险控制是指风险管理者采取各种措施和方法，消灭或减少风险事件发生的各种可能性，或风险控制者减少风险事件发生时造成的损失。

总会有些事情是不能控制的，风险总是存在的。作为管理者会采取各种措施减小风险事件发生的可能性，或者把可能的损失控制在一定的范围内，以避免在风险事件发生时带来的难以承担的损失。

一、制定风险控制措施应遵循的原则

(一)等级顺序选择原则

具体遵循的安全技术措施等级顺序一般为消除、预防、减弱、隔离、连锁、警告。

(1)消除。通过合理的设计和科学的管理，尽可能从根本上消除危险有害因素。如采用无害化工艺技术，生产中以无害物质代替有害物质，实现自动化作业等。

(2)预防。当消除危险有害因素有困难时，可采取预防性技术措施，预防危险危害发生。如使用安全阀、安全屏护、漏电保护装置、安全电压、熔断器、防爆膜、事故排放装置等。

(3)减弱。在无法消除危险有害因素和难以预防的情况下，可采取减少危险危害的措施。如局部通风排毒装置、生产中以低毒性物质代替高毒性物质、降温措施、避雷装置、消除静电装置、减振装置、消声装置等。

(4)隔离。在无法消除、预防、减弱的情况下，应将人员与危险有害因素隔开和将不能共存的物质分开。如遥控作业、安全罩、防护屏、隔离操作室、安全距离、事故发生时的自救装置(如防护服、各类防毒面具)等。

(5)连锁。当操作者失误或设备运行一旦达到危险状态时，应通过连锁装置终止危险危害发生。

(6)警告。在易发生故障和危险性较大的地方，配置醒目的安全色、安全标志，必要时设置声、光或声光组合报警装置。

(二)针对性原则

针对性是指针对不同行业的特点和评价中提出的主要危险有害因素及其危害后果，提出对策措施。由于危险有害因素及其后果具有隐蔽性、随机性、交叉影响性，所以不仅要针对某项危险有害因素孤立地采取对策措施，还应为使系统达到安全的目的，采取优化组合的综合措施。

(三) 可操作性原则

提出的对策措施是设计单位、建设单位、生产经营单位进行安全设计、生产、管理的重要依据，因而对策措施应在经济、技术、时间上是可行的，能够落实和实施的。对策措施不应超越国家及建设项目生产经营单位的经济、技术水平，不应按过高的安全指标提出安全对策措施。即在采用先进技术的基础上，考虑进一步发展的需要，以安全法规、标准和指标为依据，结合评价对象的经济、技术状况，使安全技术装备水平和工艺装置水平相适应，求得经济、技术、安全的合理统一。

(四) 法定符合性原则

安全对策措施要尽可能具体指明对策措施所依据的法规、标准，说明应采取的具体的对策措施，以便于应用和操作，不宜笼统地将"按某某标准有关规定执行"作为对策措施提出。在评价时，针对已辨识出来的危险源（危险和有害因素），严格按照国家有关法规、安全标准和行业设计的安全要求，对照分析；对不符合安全指标的危险源，要指出"事故隐患"并附相关依据的条文，提出设置或改进"安全设施"的安全对策措施。

二、风险控制措施的基本要求

危险化学品企业风险控制措施需符合以下要求：

(1) 能消除或减弱生产过程中产生的危险危害。

(2) 处置危险和有害物，并降低到国家规定的极限内。

(3) 预防生产装置失灵和操作失误产生的危险危害。

(4) 能有效地预防重大事故和职业危害的发生。

(5) 发生意外事故时，能为现场人员提供自救和互救条件。

三、风险控制措施的类型

系统中存在危险和有害因素，而原有控制设施（措施）的防范功能不能对其进行有效的控制，就会出现"事故隐患"。"事故隐患"经常具有不稳定性，隐患如果不消除极易转变为事故。风险控制措施的目的就是消除"事故隐患"。风险评价时提出安全对策措施，一般可以从两个方面考虑：一是减少或控制危险和有害因素的数量，使原有的安全设施（措施）体现出防范功能；二是提高安全设施（措施）的防范功能等级，满足控制现存危险和有害因素的要求。

风险控制措施可分为两类：一类是安全技术控制措施；另一类是安全管理控制措施。

安全技术控制措施主要是指：安全设施，包括防止事故发生的措施（如防护装置、保险装置、信号装置等）；改善劳动生产条件防止职业病发生的措施（如防尘、防毒、防暑、防寒、防噪声、防振动、防辐射及通风等）。安全技术措施与经济效益发生矛盾时，应优先考虑安全技术措施上的要求，并按下列等级顺序选择安全技术措施。

（1）直接安全技术措施：生产工艺或设备本身应具有本质安全性能，不出现任何事故和危害。

（2）间接安全技术措施：若不能或不完全能实现直接安全技术措施，必须为生产工艺或设备设计出一种或多种安全防护装置（不得留给用户去承担），最大限度地预防、控制事故或危害的发生。

（3）指示性安全技术措施：间接安全技术措施也无法实现或实施时，必须采用检测报警装置、警示标志等措施，提醒作业人员注意，以便采取相应的对策措施或紧急撤离危险场所。

第四章

设备管理概述

第一节 设备管理内涵、特点及其重要意义

一、设备管理的内涵

(一) 设备的概述

1. 设备的概念

设备是人们在生产或生活上所需的机械、装置和设施等可供长期使用，并在使用中基本保持原有实物形态的物质资料，是固定资产的主要组成部分。

国外设备工程学把设备定义为"有形固定资产的总称"，它把一切列入固定资产的劳动资料，如土地、建筑物 (厂房、仓库等)、构筑物 (水池、码头、围墙、道路等)、机器 (工作机械、运输机械等)、装置 (容器、蒸馏塔、热交换器等)，以及车辆、船舶、工具 (工夹具、测试仪器等) 等都包含在其中了。

在我国，只把直接或间接参与改变劳动对象的形态和性质的物质资料才看作设备。

2. 设备的效能

设备的效能是指设备的生产效率和功能。衡量设备效能的指标随设备的种类不同而异。

1) 衡量一般通用设备的效能指标：

(1) 设备生产单位合格产品所需的时间。

(2) 设备在单位时间内生产合格产品的数量。

(3) 设备适应多品种生产的能力。

2) 提高设备效能的途径：

(1) 选用合理的工艺规范，严格执行操作规程，在保证产品质量的前提下，缩短生产单位合格产品的所需时间，提高设备生产效率。

(2) 通过修理和技术改造，保持设备的完好性能，提高设备可靠性、维

修性，减少或避免故障（事故）停机，缩短修理停歇时间，提高设备的可利用率。

（3）加强生产计划综合平衡和协调，合理组织生产，提高设备利用率。

（二）设备管理的概述

1. 设备管理的概念

设备寿命周期是指设备从规划、购置、安装、调试、使用、维修、改造、更新直至报废的全过程所经历的时间。

设备管理，是指依据企业的生产经营目标，通过一系列的技术、经济和组织措施，对设备寿命周期内的所有设备物质运动形态和价值运动形态进行的综合管理工作。设备管理的一般概念是以设备一生为出发点，把设备系统的人力、物力、财力、信息和资源等，通过计划、组织、指挥、协调和控制的管理功能，最有效地发挥出来，以达到设备寿命周期费用最经济、综合效率最高的目标。简单地说，设备管理是以设备为研究对象，追求设备综合效率，应用一系列理论、方法，通过一系列技术、经济、组织措施，对设备的物质运动和价值运动进行科学管理。合理运用设备技术经济方法，综合设备管理手段，使设备寿命周期内的费用 / 效益比（即费效比）达到最佳的程度，即设备资产综合效益最大化。

设备一生的管理，也称为设备全过程管理，它分为设备前期管理和设备后期管理两个阶段：设备的前期管理是指设备设计、制造、安装、调试到正式投产的整个过程的设备管理；设备的后期管理包括设备使用、维修、改造和报废更新的管理。

2. 设备管理的要求范围

设备管理是对设备寿命周期全过程的管理，包括选择设备、正确使用设备、维护修理设备以及更新改造设备全过程的管理工作。

设备运动过程从物资、资本两个基本面来看，可分为两种基本运动形态，即设备的物资运动形态和资本运动形态。设备的物资运动形态，是从设备的物质形态的基本面来看，指设备从研究、设计、制造或从选购进厂验收投入生产领域开始，经使用、维护、修理、更新、改造直至报废退出生产领域的全过程，这个层面过程的管理称为设备的技术管理；设备的资本运动形态，是从设备资本价值形态来看，包括设备的最初投资、运行费用、折旧、收益以及更新改造自己的措施和运用等，这个层面过程的管理称为设备的经济管理。设备管理既包括设备的技术管理，又包括设备的经济管理，是两方面管理的综合和统一，偏重于任何一个层面的管理都不是现代设备管理的最终要求。

3.设备管理的内容

抽象地讲，针对设备运动的两种形态，设备管理的内容除设备管理的基础工作外还包括两个方面：对设备的物质运动形态的管理，称之为技术性管理；对设备的价值运动形态的管理，称之为经济性管理。

4.设备管理的分类

设备管理分为自有设备管理和租赁设备管理。自有设备按照设备折旧、使用台班进行自有机械费的核算；租赁的机械费按照租赁时间和单价核算机械租赁费；自有机械使用费、机械租赁费共同构成工程项目的机械费，进行成本核算。

（1）自有设备管理。根据设备使用计划进行设备的调配，提高设备使用效率，合理调配设备资源，保证工程顺利施工，主要处理现场设备的日常管理及机械费的核算业务。主要包括：使用计划、采购管理、库存管理、设备台账管理、设备使用、设备日常管理、机械费核算等。

（2）租赁设备管理。根据工程预算和整体进度计划，结合自有设备情况制订设备租赁计划，合理调配资源，提高设备利用率，确保工程顺利施工。根据租赁数量、租出时间、退租时间、租赁单价核算租赁费，根据租赁费、赔偿费结合工程项目进行机械料费的核算。主要包括：租赁计划、租赁合同管理、设备进场、机械出场、租赁费用结算等费用结算支付。

5.设备管理基础工作内容

凭证管理、数据管理、定额管理、档案资料管理和规章制度管理。

（1）设备凭证管理

①含义：在设备的技术管理和经济管理中，用于记录设备管理和技术活动，以及经济核算，并明确管理各方责任的书面证明，就是设备管理凭证。

②凭证设定原则（活动的依据，保证作用）：

a.满足需要的原则；b.简明适用的原则；c.科学规范的原则。

③凭证设置要求：

a. 一般设置成表格形式，一张表格有固定栏目和每次要填写栏目，固定栏目包括标题、表头、各种线格和文字说明等，标题要意思明确，语言简练；填写栏目，要求数据来源可靠，易于收集，并要考虑最大的可能值，留有足够的空格余地。

b. 凭证是随着设备物流和价值流的流向而传递的。传递过程中，有的环节需要保留作为依据，所以凭证的联次设计要合理，并在每一联上注明所缴存的部门。

c. 凭证格式一旦确定下来，就要保持相对的稳定性。

（2）设备数据管理

①含义：数据管理是指通过对数据收集、处理加工和解释，使其成为对管理决策有用的信息（有的信息仍是以数据表示的）。它包括对数据进行收集、分类、排序、检索、修改、存储、传输、计算、输出（报表或图形）等这一整个过程。

设备数据，主要指设备管理与维修领域内所产生的数据。

②设备数据管理的作用：

a. 通过对物质运动形态的管理，保证设备管理与维修工作正常进行，保证设备完好，为企业完成生产经营任务提供可靠保证。

b. 通过对价值流（设备采购、维修等费用）的数据管理，使各级人员及时了解设备各项费用的发生及流向，进行费用控制；同时，通过对凭证上的数据与实物核对，避免资产的流失。

c. 通过统计与分析，计算和输出各种数据值与目标值对照，采取措施控制超标指标，并为管理部门制定设备管理工作目标、工作计划、维修决策等提供依据。

（3）设备定额管理

①定额管理的含义和基本形式。企业定额是产品生产过程中消耗的一种数量标准，是指在一定时期内和一定的生产技术组织条件下，为完成单位合格产品或任务所规定的物化劳动和活劳动的消耗量。

企业劳动定额有两种基本形式：工时定额和产量定额。

②企业设备管理与维修中，主要定额内容包括：

a. 设备日常维护时间定额；

b. 设备维修时间定额；

c. 设备修理停歇时间定额；

d. 设备维修材料消耗定额；

e. 设备维修费用定额；

f. 设备配件储备定额。

6. 设备管理的主要任务和作用

工欲善其事，必先利其器。设备是人类生产活动或其他活动的工具，在生产的主体由人力逐渐向设备转移的今天，管理好设备，使设备始终处于更佳状态对企业是很重要的。

（1）设备管理的任务。设备管理的主要任务是对设备进行综合管理，做到全面规划、合理配置、择优选购、正确使用、精心维护、科学检修、适时改造更新，不断改善和提高企业技术装备素质，以达到寿命周期费用最经济，设备综合效能最高的目标。

（2）设备管理的作用。①设备管理是企业生产经营管理的基础工作。现代企业依靠机器和机器体系进行生产，生产中各个环节和工序要求严格地衔接、配合。②设备管理是企业产品质量的保证。产品质量是企业的生命，竞争的支柱。③设备管理是提高企业经济效益的重要途径。企业要想获得良好的经济效益，必须适应市场需要，产品物美价廉。④设备管理是搞好安全生产和环境保护的前提。设备技术落后和管理不善，是发生设备事故和人身伤害的重要原因，也是排放有毒、有害的气体、液体、粉尘，污染环境的重要原因。消除事故、净化环境，是人类生存、社会发展的长远利益所在。⑤设备管理是企业长远发展的重要条件。科学技术进步是推动经济发展的主要动力。企业的科技进步主要表现在产品的开发、生产工艺的革新和生产装备技术水平的提高上。

二、设备管理的特点

一般来讲，设备管理往往具备如下特征。

(一) 系统性

现代设备管理的生产维修中已经形成以预防维修、改善维修和维修预防三者之间的全系统模式。也就是说，班组长可通过系统管理来改善维修预防的信息反馈，并提高设备的可靠性和维修性。

(二) 全员性

设备管理不是哪一个人的工作职责，它需要发动全体员工共同参与。很多企业采取的方法是，运用行为科学的理论全面提高企业从领导到员工对设备管理的积极性，并建立健全自主管理体制，以协助设备管理的顺利实施。

(三) 科学性

从科学的立场上来看，设备管理是在许多科学理论发展的基础上逐渐产生的。换句话说，设备管理运用了许多现代管理科学理论，使其管理方法更为科学化了。

(四) 生产性

设备之于企业的生产性是不言而喻的。所以对重点设备应做好预防及维修等工作；而对一般设备则可实行事后维修，重点在于如何降低设备故障率。只要维修和生产结合密切，就能最大程度上确保生产的顺利进行。

(五) 全面性

所谓的全面性也就是指对设备进行一生的管理。即管理设备寿命周期的全过程，主要包括设备的规划、设计、制造、安装、使用、维修及报废的所有阶段。

(六) 经济性

设备选购的本身就是一项经济支出，且在设备维修阶段所产生的维修费用也是企业不容小觑的一项经济费用，而因设备停机造成的损失也是企业必须担负的支出费用。所以，从经济角度讲，班组长必须把控设备停机损失和维修费用之间的平衡。

三、设备管理的主要目的和意义

(一) 设备管理的主要目的

设备管理的主要目的是用技术上先进、经济上合理的装备，采取有效措施，保证设备高效率、长周期、安全、经济地运行，来保证企业获得最好的经济效益。设备管理是企业管理的一个重要部分。在企业中，设备管理搞好了，才能使企业的生产秩序正常，做到优质、高产、低消耗、低成本，预防各类事故，提高劳动生产率，保证安全生产。加强设备管理，有利于企业取得良好的经济效果。加强设备管理，还可对老、旧设备不断进行技术革新和技术改造，合理地做好设备更新工作，加速实现工业现代化。总之，随着科学技术的发展，企业规模日趋大型化、现代化，机器设备的结构、技术更加复杂，设备管理工作也就愈重要。许多发达国家对此也十分的重视。

(二) 设备管理的意义

1. 设备管理是企业内部管理的重点

企业内部管理，是指企业为了完成既定生产经营目标而在企业内部开展的一切管理活动，它包括企业的计划管理、质量管理、设备管理、财务管理、班组管理、现场管理等等。人们常把加强企业内部管理称作练内功。内部管理水平的高低，体现了企业内功的强弱。内功强，企业抗风雨的能力就强，市场竞争力就强，生存和发展的能力就强。因此，企业在生产经营过程中，应当经常开展各项活动，管理工作常抓不懈，千方百计地提高内部管理水平。在各项基础管理工作中，任何一项管理对于提高企业的综合素质都是非常重要的。而企业内部管理是一项复杂的工作，只有选择好内部经营管理工作的切入点和突破口，抓住重点，以点带面，才能提高企业的整体素质。设备管理就是企业内部管理的重点之一。

生产设备是生产力的重要组成部分和基本要素之一，是企业从事生产经营的重要工具和手段，是企业生存与发展的重要物质财富，也是社会生产力发展水平的物质标志。生产设备无论从企业资产的占有率上，还是从管理工作的内容上，以及企业市场竞争能力的体现上，它都占有相当大的比重和十分重要的位置。管好用好生产设备，提高设备管理水平对促进企业进步与发展有着十分重要的意义。

2. 设备管理是企业生产的保证

在企业的生产经营活动中，设备管理的主要任务是为企业提供优良而又经济的技术装备，使企业的生产经营活动建立在最佳的物质技术基础之上，保证生产经营顺利进行，以确保企业提高产品质量，提高生产效率，增加花色品种，降低生产成本，进行安全文明生产，从而使企业获得最高经济效益。企业根据市场需求和市场预测，决定进行产品的生产经营活动。在产品的设计、试制、加工、销售和售后服务等全过程的生产经营活动中，无不体现出设备管理的重要性。为赢得和占领市场，降低生产成本，节约资源，生产出满足用户需求、为企业创造最大经济效益的高质量的产品，设备管理是保证。设备管理水平是企业的管理水平、生产发展水平和市场竞争能力的重要标志之一。

"工欲善其事，必先利其器"，开发生产先进产品，必须建立在企业具备先进设备及良好的管理水平之上。若疏于管理，用先进设备生产一般产品，会使生产成本增加，失去市场竞争能力，造成极大的浪费；有的先进设备带病运转，缺零少件，拆东墙补西墙，不能发挥全部设备的效能，降低了设备利用率；有的设备损坏，停机停产，企业虽有先进的设备，不但没有发挥出优势，反而由于设备价高，运转费用大，成为沉重的包袱，致使企业债台高筑，生产经营步履维艰。而一些设备管理好的企业，虽然没有国外的先进装备，由于管理水平高，设备运转状态良好、效率高，一样能生产出高质量的产品，市场竞争能力强，企业效益也稳步增长。

设备管理是企业产量、质量、效率和交货期的保证。在市场经济条件下，企业往往是按合同组织生产，以销定产。合同一经签订，即受到法律保护，无特殊情况不能变更，违约将受严厉的经济制裁。如果没有较高的设备管理水平和良好设备运转状态做保证，是不可能很好地履行合同规定的。一旦违约，给企业带来的就不仅仅是经济上的损失，还往往失去市场，对企业的发展带来严重的影响。

　　设备管理是企业安全生产的保证。安全生产是企业搞好生产经营的前提，没有安全生产，一切工作都可能是无用之功。所以从中央到地方各级政府和部门，无不强调安全生产，紧抓常抓安全生产。安全生产是强制性的，是必须无条件服从的，企业的任何生产经营活动都必须建立在安全生产的基础之上。根据有关安全事故的统计，除去个别人为因素，80%以上的安全事故是设备不安全因素造成的，特别是一些压力容器、动力运转设备、电气设备等管理不好则更是事故的隐患。要确保安全生产，必须有运转良好的设备，而良好的设备管理，也就消除了大多数事故隐患，杜绝了大多数安全事故的发生。

　　3. 设备管理是企业提高效益的基础

　　企业进行生产经营的目的，就是获取最大的经济效益，企业的一切经营管理活动也是紧紧围绕着提高经济效益这个中心进行的，设备管理是提高经济效益的基础。

　　提高企业经济效益，简单地说，一方面是增加产品产量，提高劳动生产效益；另一方面是减少消耗，降低生产成本，在这一系列的管理活动中，设备管理占有特别突出的地位。

　　（1）提高产品质量，增加产量，设备是一个重要因素。加强设备管理是提高质量、增产增收的重要手段。因此党和政府多次提出贯彻国务院《设备管理条例》，加强设备管理一定要与企业开展双增双节活动相结合，应用现代技术，开展技术创新，确保设备有良好的运转状态；对于新设备要充分发挥其先进性能，保持高的设备利用率，预防和发现设备故障隐患，创造更大的经济效益；对于老设备要通过技术改造和更新，改善和提高装备素质，增强设备性能，延长设备使用寿命，从而达到提高效益的目的。

　　（2）提高劳动生产率，关键是要提高设备的生产效率。企业内部多数人是围绕设备工作的。要提高这些人的工作效率，前提是要提高设备生产效率、减少设备故障、提高设备利用率。

　　（3）减少消耗、降低生产成本更是设备管理的主要内容。原材料的消耗大部分是在设备上实现的。设备状态不好会增大原材料消耗，如出现废品，原材料浪费更大。在能源消耗上，设备所占的比重更大。加强设备管理，提高设备运转效率，降低设备能耗是节约能源的重要手段，也是企业节能降耗永恒的主题。在设备运转过程中，为维护设备正常运转，本身也需要一定的物资消耗。设备一般都有常备的零部件、易损件，设备管理不好，零部件消耗大，设备维修费用支出就高。尤其是进口设备，零部件的费用更高。设备运转一定的周期后还要进行大修，大修费在设备管理中也是一项重要的支出，设备管理抓得好，设备大修理周期就可以延长，大修费用在整个设备生命周期内对生产成本的影响，所占的比重就可以下降，从而为降低生产成本打下基础。

第二节 设备管理的发展

一、设备管理的发展历程

以泰勒为代表的科学管理取代传统的经验管理之后，设备管理独立成为一个专门职能。从那时起至今，设备管理在百年发展历程中，与企业管理其他职能一样，也经历了一个逐步发展和完善的过程。大体上看，设备管理经历了以下几个发展时期。

（1）设备事后修理时期。这一时期，设备管理的显著特点是设备发生故障之后，再进行修理，即以事后修理为主的管理模式。

（2）设备预防维修时期。20世纪50年代，为了减少设备修理对生产计划和交货期的影响，减少停工修理时间，一些工业发达国家依据美苏在20至30年代提出的预防维修的概念，开始由事后修理向定期预防维修转变。定期预防维修模式强调设备管理以预防为主，采用适当的方法和组织措施，注重设备使用过程中的维护、保养、检查，并依据设备磨损规律和检查结果，在设备发生故障之前进行有计划的修理。

（3）设备综合管理时期。在维修预防思想的基础上，又吸收了系统论、控制论、信息论的基本原理和行为科学等现代管理理论，于20世纪70年代初，形成了设备综合管理理论——设备综合工程学（Terotechnology）。设备综合工程学由英国首创，继而流传于工业发达地区各国。

日本在引进和学习的过程中，结合生产维修的实践经验，提出了全面生产维修（Total Productive Maintcnance, TPM）。

二、设备管理的发展过程

自从人类使用机械以来，就伴随有设备的管理工作，只是由于当时的设备简单，管理工作单纯，仅凭操作者个人的经验行事。随着工业生产的发展，设备现代化水平的提高，设备在现代大生产中的作用与影响日益扩大，加上管理科学技术的进步，设备管理也得到了相应的重视和发展，以至逐步形成一门独立的学科。现观其发展过程，大致可以分为四个阶段：

(一) 事后维修阶段

资本主义工业生产刚开始时，由于设备简单，修理方便，耗时少，一般都是在设备使用到出现故障时才进行修理，这就是事后维修制度，此时设备修理由设备操作人员承担。

后来随着工业生产的发展，结构复杂的设备大量投入使用，设备修理难度不断增大，技术要求也越来越高，专业性越来越强，于是，企业主、资本家便从操作人员中分离一部分人员专门从事设备修理工作。为了便于管理和提高工效，他们把这部分人员统一组织起来，建立相应的设备维修机构，并制定适应当时生产需要的最基本管理制度。在西方工业发达国家，这种制度一直持续到20世纪30年代，而在我国，则延续到20世纪40年代末期。

(二) 设备预防维修管理阶段

由于像飞机那样高度复杂机器的出现，以及社会化大生产的诞生，机器设备的完好程度对生产的影响越来越大。任何一台主要设备或一个主要生产环节出了问题，就会影响生产的全局，造成重大的经济损失。

1925年前后，美国首先提出了预防维修的概念，对影响设备正常运行的故障，采取"预防为主""防患于未然"的措施，以降低停工损失费用和维修费用。主要做法是定期检查设备，对设备进行预防性维修，在故障尚处于萌芽状态时加以控制或采取预防措施，以避免突发事故。

苏联在20世纪30年代末期开始推行设备预防维修制度。苏联的计划预防制度除了对设备进行定期检查和计划修理外，还强调设备的日常维修。

预防维修比事后修理有明显的优越性。预先制订检修计划，对生产计划的冲击小，采取预防为主的维修措施，可减少设备恶性事故的发生和停工损失，延长设备的使用寿命，提高设备的完好率，有利于保证产品的产量和质量。

20世纪50年代初期我国引进计划预修制度，对于建立我国自己的设备管理体制、促进生产发展起到了积极的作用。经过多年实践，在"以我为主，博采众长"精神的指导下，对引进的计划预修制度进行了研究和改进，创造出具有我国特色的计划预修制度。其主要特点是：

1. 计划预修与事后修理相结合

对生产中所处地位比较重要的设备实行计划预修，而对一般设备实行事后修理或按设备使用状况进行修理。

2. 合理确定修理周期

设备的检修周期不是根据理想磨损情况，而是根据各主要设备的具体情况来定。如按设备的设计水平、制造和安装质量、役龄和使用条件、使用强度等情况确定其修理周期，使修理周期和结构更符合实际情况，更加合理。

3. 正确采用项目修理

通常，设备有保养、小修、中修和大修几个环节，但我国不少企业采用项目修理代替设备中修，或者采用几次项目修理代替设备大修，使修理作业量更均衡，节省了修理工时。

4. 修理与改造相结合

我国多数企业往往结合设备修理对原设备进行局部改进或改装，使大修与设备改造结合起来，延长了设备的使用寿命。

5. 强调设备保养维护与检修结合

这是我国设备预防维修制的最大特色之一。设备保养与设备检修一样重要，若能及时发现和处理设备在运行中出现的异常，就能保证设备正常运行，减轻和延缓设备的磨损，可延长设备的物质寿命。

20世纪60年代，我国许多先进企业在总结实行多年计划预修制的基础上，吸收三级保养的优点，创立了一种新的设备维修管理制度——计划保修制。其主要特点是：根据设备的结构特点和使用情况的不同，定时或定运行里程对设备施行规格不同的保养，并以此为基础制定设备的维修周期。这种制度突出了维护保养在设备管理与维修工作中的地位，打破了操作人员和维护人员之间分工的绝对化界限，有利于充分调动操作人员管好设备的积极性，使设备管理工作建立在广泛的群众基础之上。

(三) 设备系统管理阶段

随着科学技术的发展，尤其是宇宙开发技术的兴起，以及系统理论的普遍应用，1954 年，美国通用电器公司提出了"生产维修"的概念，强调要系统地管理设备，对关键设备采取重点维护政策，以提高企业的综合经济效益。主要内容有：

（1）对维修费用低的寿命型故障，且零部件易于更换的，采用定期更换策略。

（2）对维修费用高的偶发性故障，且零部件更换困难的，运用状态监测方法，根据实际需要，随时维修。

（3）对维修费用十分昂贵的零部件，应考虑无维修设计，消除故障根源，避免发生故障。

20 世纪 60 年代末期，美国企业界又提出设备管理"后勤学"的观点，它是从制造厂作为设备用户后勤支援的要求出发，强调对设备的系统管理。设备在设计阶段就必须考虑其可靠性、维修性及其必要的后勤支援方案。设备出厂后，要在图样资料、技术参数、检测手段、备件供应以及人员培训方面为用户提供良好的、周到的服务，以使用户达到设备寿命周期费用最经济的目标。

日本首先在汽车工业和家电工业提出了可靠性和维修性观点，以及无维修设计和无故障设计的要求。

至此，设备管理已从传统的维修管理转为重视先天设计和制造的系统管理，设备管理进入了一个新的阶段。

(四) 设备综合管理阶段

体现设备综合管理思想的两个典型代表是"设备综合工程学"和"全员生产维修制"。

由英国 1971 年提出的"设备综合工程学"是以设备寿命周期费用最经

济为设备管理目标。

1) 对设备进行综合管理，紧紧围绕四方面内容展开工作：

（1）以工业管理工程、运筹学、质量管理、价值工程等一系列工程技术方法，管好、用好、修好、经营好机器设备。对同等技术的设备，认真进行价格、运转、维修费用、折旧、经济寿命等方面的计算和比较，把好经济效益关。建立和健全合理的管理体制，充分发挥人员、机器和备件的效益。

（2）研究设备的可靠性与维修性。无论是新设备设计，还是老设备改造，都必须重视设备的可靠性和维修性问题，因为提高可靠性和维修性可减少故障和维修作业时间，达到提高设备有效利用率的目的。

（3）以设备的一生为研究和管理对象，即运用系统工程的观点，把设备规划、设计、制造、安装、调试、使用、维修、改造、折旧和报废一生的全过程作为研究和管理对象。

（4）促进设备工作循环过程的信息反馈。设备使用部门要把有关设备的运行记录和长期经验积累所发现的缺陷，提供给维修部门和设备制造厂家，以便它们综合掌握设备的技术状况，进行必要的改造或在新设备设计时进行改进。

20世纪70年代初期，日本推行的"全员生产维修制"，是一种全效率、全系统和全员参加的设备管理和维修制度。它以设备的综合效率最高为目标，要求在生产维修过程中，自始至终做到优质高产低成本，按时交货，安全生产无公害，操作人员精神饱满。

"全系统"，是对设备寿命周期实行全过程管理，从设计阶段起就要对设备的维修方法和手段予以认真考虑，既抓设备前期阶段的先天不足，又抓使用维修和改造阶段的故障分析，达到排除故障的目的。

"全员参加"，是指上至企业最高领导，下到每位操作人员都参加生产维修活动。

在设备综合管理阶段，设备维修的方针是：建立以操作工点检为基础的设备维修制；实行重点设备专门管理，避免过剩维修；定期检测设备的精度指标；注意维修记录和资料的统计及分析。

2) 综合管理是设备管理现代化的重要标志。其主要表现有：

（1）设备管理由低水平向制度化、标准化、系列化和程序化发展。1987

年国务院正式颁布了《全民所有制工业交通企业设备管理条例》，使设备管理达到"四化"有了方向和依据。

（2）由设备定期大小修、按期按时检修，向预知检修、按需检修发展。状态监测技术、网络技术、计算机辅助管理在许多企业得到了应用。

（3）由不讲究经济效益的纯维修型管理，向修、管、用并重，追求设备一生最佳效益的综合型管理发展。实行设备目标管理，重视设备可靠性、维修性研究，加强设备投产前的前期管理和使用中的信息反馈，努力提高设备折旧、改造和更新的决策水平以及设备的综合经济效益。

（4）由单一固定型维修方式，向多种维修方式、集中检修和联合检修发展。设备维修从企业内部走向了社会，从封闭式走向开放式、联合式，这是设备管理现代化的一个必然趋势。

（5）由单纯行政管理向运用经济手段管理发展。随着经济承包责任制的推广，运用经济杠杆代替单靠行政命令，按章办事的设备管理方法正在大多数企业推行。

（6）维修技术向新工艺、新材料、新工具和新技术发展。如热喷涂、喷焊、堆焊、电刷镀、化学堵漏技术，废渣、废水利用新工艺，以及防腐蚀、耐磨蚀新材料，得到了广泛应用。

三、中国设备管理的发展进程

（1）1956年，引进了苏联计划预防修理制。

（2）"大跃进"之后，形成了自身的特色，主要表现有以下几个方面。

①以"预防为主"为方针，以"维护与计划检修并重""专业管理与群众管相结合"为原则。

②建立了"三级保养制"，以及"三好四会""润滑五定"等一套规章制度。

③在组织形式上，除了精简、健全专业管理外，还设立了"专群"结合的管理组织，实现了"专管成线，群管成网"，经常开展设备管理的评比检查活动。

④开展地区性的设备管理活动，建立设备专业修理厂、精修站、备件定点厂和备件总库等。

（3）振兴阶段：1981 年国家经济贸易委员会设立了全国设备管理主管部门，1982 年成立了中国设备管理协会，1983 年颁布了"国营工业交通企业设备管理试行条例"，1987 年 7 月国务院颁布了《全民所有制工业交通企业设备管理条例》。

中国设备综合管理的基本内容：

设备管理必须以效益为中心，坚持依靠技术进步，促进生产发展和预防为主的方针。

在设备一生的全过程管理中，坚持设计、制造与使用相结合，维护与计划检修相结合，专业管理与群众管理相结合，技术管理和经济管理相结合，修理、改造与更新相结合的原则，运用技术、经济和法律等手段，管好、用好、修好、改造好设备，不断改善和提高企业装备素质，充分发挥设备效能，以追求设备全寿命周期费用的经济性和提高设备综合效率为目标，从而为提高企业经济效益服务。

四、设备管理的发展动态

（1）管理理念和组织结构的转变根据企业发展战略进行组织机构的重组和流程再造，以最小的成本建立先进高效的生产维护体系，集中精力提高企业的核心竞争力。

（2）重视设备投资效益和使用效果企业设备管理工作不再仅仅局限于使用与维修，而是围绕总体经营目标，从设备一生的各个环节入手，降低设备运营成本，提高投资效益。

（3）注重成本和效率的考核开始导入设备综合效率、平均故障间隔期、维修成本率等设备管理考核指标。

（4）设备管理的社会化服务体系正在形成专业维修、设备租赁和调剂、行业备件共享、设备资产管理等设备管理的第三方服务机构迅速成长，同时也促进了企业设备管理业务外包的发展。

（5）维修模式呈多元化发展趋势预防维修、预知状态维修、可靠性维修、设备综合管理、全员生产维护等先进的设备管理模式在我国的制造企业都得到应用，取得较好的效果。

（6）计算机信息化系统在设备管理领域的发展由计算机辅助设备维修

管理系统（CMMS）逐步向网络化、集团多组织化的设备资产管理信息系统（EAM）发展。

五、设备管理的发展

设备管理的发展可以概括为以下几点。

（1）从创始时蒸汽炉具由使用者初级维修。

（2）到维修日益繁重而互相支援。

（3）培育出专家团队。

（4）为设备设计开始即考虑维修。

（5）至今的 TPM 由全面设备效益为核心的预防性保养维修体系。

第三节　设备管理层次及其内容体系

一、设备管理层次

（一）高层次的设备管理

（1）企业领导为组织实施企业发展战略而规定的设备更新、关键设备的技术改造以及重要设备的引进、购置等决策。

（2）在近期内，重要设备大规模检修的计划与组织实施；设备系统重要法规的贯彻、部署；企业内部设备管理体制的改革方案等。

（二）中层次的设备管理

（1）中层次的设备管理主要内容一般包括：为了实现第一层次所规定的各个项目、方案所开展的组织、协调、保证、服务等一系列工作。

（2）在厂部有关领导的主持下，以设备部门为主，或者在设备部门参与下，会同计划、生产、财务、工艺、技术改造、物资供应以及有关车间等统一加以组织实施。

(三) 作业层的设备管理

作业层的设备管理也就是生产现场的设备管理。这一层设备管理的主要任务是针对生产现场的运行特点。有效地加强设备管理，保持机械设备良好的技术状态，保证生产的正常秩序，促进生产优质、低耗、高效、安全地进行。

二、设备管理体系的具体内容

设备管理是以企业的生产经营目标为依据，运用各种组织、技术和经济措施，对设备从规划、购置、安装、使用、改造、更新直至报废整个寿命周期进行全程的管理，以提高设备综合经济效率。

在这整个周期管理的过程中体现两个方面，一个是设备物质形态的管理，即设备从购入开始，安装、调试、验收、建卡立账、使用、保养、维修、更新换代，以及报废的物质管理(也称之为技术管理)；另一个是价值运动形态，出现一个费用方面的管理，即在设备使用周期内出现的各种费用管理，一台设备购置进厂完成安装交付使用时，产生一个初期投资的费用，在使用过程中，为了使用设备发挥更大的效率，还需要产生设备的使用培训费用、保养费用、维修费用，以及改造更新的费用，设备的折旧，有些设备影响环境的还需要治理环境污染的费用等，这些费用和设备所能创造出的价值要有一个对比，要用最低的费用创造出最高的价值，这是设备管理的最终目标；而这两个方面又是相辅相成的。

根据以上分析的情况，我们必须要从一个行业的制高点考虑，如何使用有限的设备创造出无限的价值，这是我们公司设备管理的一个最终目标。为实现这个目标，我们对设备进行综合经营管理，它是在设备维修的基础上，为了提高设备管理的技术水平，取得良好的经济效益，针对使用现代化设备所带来的一系列新问题，继承了设备工程以及设备综合工程学的成果，吸取了现代管理理论，尤其是经营理论、决策理论，综合了现代科学技术的新成就而形成的一种新型的设备管理体系。

具体包括以下几方面的内容。

(一)实行设备的全过程管理

总体上保证和提高设备的可靠性、维修性、经济性，做到安全、节能、环保，以及避免设备的积压和浪费。冲破传统设备管理局限在维修的狭隘范围，把设备的一生作为一个整体进行综合管理，以求得一生的最佳经济效益。

(二)追求设备的最佳效益

这是设管理的最终目标，设备的生命周期费用是设备一生的总费用，它是设备物质运动相对应的一个经济指标。要求在设备经营决策的方案论证中，追求设备的生命周期费用最优化，而不能单纯地只考虑某一阶段(采购、维修和保养)的经济性。在此基础上，还要要求设备的综合效率最高。

(三)开展设备的经营工作

设备管理是公司管理的一个重要内容，它的一切活动，毫无例外地要为贯彻公司的经营方针服务。那么设备管理与公司经营方针的关系是：公司经营方针规定设备管理的方向、主要内容以及技术经济成果；而设备管理则为贯彻公司的经营方针提供物质技术和经济效益保证。为满足市场多变的需求，设备部门及时提供满足生产需要的各种技术、装备，保证公司在持续性发展中有充足的竞争力。

(四)开展设备管理的综合研究

为适应不断变化的科学技术，管理理念，我们还需要对设备的工程技术、财务经济与组织措施三个方面进行综合研究，掌握好这三方面的知识，是管好现代化设备的智力条件和保证。

首先是工程技术，随着设备现代化的技术水平不断提高，设备装置体现科学技术的门类越来越多，所以我们必须不断学习新的科学知识才能管好现代化的设备。

其次还要学习、掌握与设备有关的财务经济知识，提高设备管理的经济效果，包括追求设备生命周期费用最经济；设备选择的经济分析；合理使用的经济标准；预防检查与修理的经济界限等。

最后是要搞好设备管理，还要掌握现代化的管理知识，因为现代化设备管理，本质上是现代管理理论、方法以及科技成果同现代化设备相结合。

（五）加强设备的维修工作

设备的综合经营管理，打破了把设备管理局限在维修的传统观念，但绝对不是否定设备维修的重要性，相反，还要进一步做好设备的维修工作，并且当成设备管理活动中的一项重要工作，利用综合经营管理的观点来指导、来带动设备的维修工作。

（六）推行 TPM 活动

现在行业内比较推崇 TPM 管理，也就是全员生产维修活动（Total Productive Maintenance,TPM），它是日本在学习美国生产维修的基础上，结合日本的管理传统，逐步形成的一套以 PM 活动为核心，以 5S 活动为基础的设备管理与维修机制。所谓全员生产维修，就是以提高设备的效率为目标，建立以设备一生为对象的生产维修系统，实行全员参加管理的一种设备检查与维修制度。

综上所述，要开展设备的管理工作，系统的管理设备，从设备的选择与评价开始到设备的改造更新及报废的管理流程简要介绍如下。

1. 设备的选择与评价

（1）设备的选择；设备选择的类型，影响设备选择的要素，设备选择的要点。

（2）设备的投资评价；利用回收期法，费用效率法，费用换算法来评估设备的优点。

（3）设备的使用评价；使用情况评价；维修费用评价。

2. 设备的安装与使用的管理

（1）设备的验收；订购设备的验收，大修完工设备的验收。

（2）设备的安装；设备安装的程序，设备安装的方法，设备安装位置的检测与调整，设备的试运转，设备的交付使用。

（3）设备的使用；设备使用前的准备，设备使用的程序，设备使用的要点。

（4）设备的使用管理制度；设备的"三定户口化"制度（设备定号，管理定户，保管定人），岗位专责制度，点检制度，交接班制度，安全生产管理制度，三级保养制度。

3. 设备的检查与维护

（1）设备的检查；开机前的检查，日常巡回检查，管理人员的抽查。

（2）设备的维护；确定设备维护的原则，编制设备维护的内容，制定设备维护的级别，确定设备维护的重点。

（3）设备的润滑；润滑材料的选用，设备润滑的方式，制定设备润滑的管理体制。

4. 设备的维修

（1）设备的磨损与故障规律；摸清设备磨损的类型，找出设备磨损的规律，总结设备故障的规律。

（2）设备修理的类型与技术；划分设备修理的类型，建立设备修理的体制，总结设备修理的方法、设备修理的技术。

（3）设备修理复杂系数与定额；确定设备修理的复杂系数，确定设备修理周期定额，确定设备修理工时定额，确定设备修理停歇时间定额，确定设备修理费用定额，确定设备修理材料消耗定额。

（4）设备修理计划的编制；年度设备修理计划，季度设备修理计划，月度设备修理计划，年度大修计划。

（5）设备修理的实施；修理前的检查，准备修理材料，设备修理的组织实施，设备修理的质量管理。

（6）设备修理备件的管理；备件的确定，备件的分类，备件管理的内容，备件管理的工作流程，备件的储备，备件库存的控制，备件的分类（ABC）管理。

5. 设备的故障管理

（1）设备故障的形式及模式；划分故障形式及模式的种类，分析对设备的影响及预防方法。

（2）设备故障的类型及判断标准；分清类型，划分等级，找出原因，制定判断标准。

(3) 设备故障的检测；分析设备运行状态的特征，确定检测方法。

(4) 设备故障的预防；分析检测结果，从根源上消除故障。

第四节　企业设备管理的组织、职能、制度和效益

一、构建设备管理"三级网络"

(1) 企业、车间、班组三级企业设备管理网络，健全设备管理机构。

(2) 明确职责，理顺关系。

(3) 配备适应生产要求的企业、车间、班组三级专兼职设备管理人员、工程技术人员和维修人员。

二、企业设备管理的职能及其主要内容

(一) 设备的日常管理

(1) 设备的验收与登记。

(2) 设备的计划与统计。

(3) 设备的检查与评比。

(4) 设备的移装与调拨。

(5) 设备的封存与启用。

(6) 设备的改装与改进。

(7) 设备的报废与处理。

(8) 设备事故管理。

(二) 设备的使用和维护保养

(1) 对操作者进行教育。

(2) 定人定机发放操作证。

(3) 贯彻操作规程。

(4) 认真做好交接班。

(5) 抓好维护保养 (日保)。

(6) 周、月末进行检查评比。

(7) 精、大、稀设备要特殊维护。

(8) 主要生产设备达到完好标准。

(三) 设备的检查和计划检修

(1) 设备的一级保养。

(2) 设备的二级保养。

(3) 设备的检查。

(4) 定时精检与调整。

(5) 设备的项目修理。

(6) 设备的大修。

(7) 特种设备的预防性。

(8) 设备节假日检修规定：

①对维修人员培训。

②推广新工艺、新技术。

③备品配件要提前落实。

④图纸资料及时提供。

(四) 设备的更新与改造

(1) 折旧费要用于设备更新。

(2) 引进先进设备淘汰老设备。

(3) 制定年、季、月的设备改造措施。

(4) 制订年度设备更新计划。

(5) 结合大修进行设备改造。

(6) 对四漏和能耗大的设备进行节能改造。

三、设备管理制度

(一) 设备管理制度

设备管理制度（Plant Management Systems）企业为了保证生产设备正常

安全运行，保持其技术状况完好并不断改善和提高企业装备素质而编制的一些规定和章程。一般应包括：设备管理体制及机构设置的规定，设备固定资产管理制度，设备前期管理制度，设备改造、更新管理制度，进口设备、重点设备管理制度，设备检修计划管理制度，设备检修技术管理制度，设备管理与维修的财务管理制度，设备统计、考核制度，设备事故管理制度，压力容器等特殊设备管理制度，设备的使用、操作、维护和检修规程，润滑管理规范，备件管理办法等。

(二) 设备制度的内容

1. 设备技术状况的管理

对所有设备按设备的技术状况、维护状况和管理状况分为完好设备和非完好设备，并分别制订具体考核标准。

各单位的生产设备必须完成上级下达的技术状况指标，即考核设备的综合完好率。专业部门，要分别制定出年、季、月度设备综合完好率指标，并层层分解逐级落实到岗位。

2. 要求

(1) 各单位机动部门设润滑专业员负责设备润滑专业技术管理工作；厂矿或车间机动科 (组) 设专职或兼职润滑专业员负责本单位润滑专业技术管理工作；修理车间 (工段) 设润滑班或润滑工负责设备润滑工作。

(2) 每台设备都必须制定完善的设备润滑"五定"图表和要求，并认真执行。

(3) 各厂矿要认真执行设备用油三清洁 (油桶、油具、加油点)，保证润滑油 (脂) 的清洁和油路畅通，防止堵塞。

(4) 对大型、特殊、专用设备用油要坚持定期分析化验制度。

(5) 润滑专业人员要做好设备润滑新技术推广和油品更新换代工作。

(6) 认真做到废油的回收管理工作。

3. 执行修改

(1) 厂矿生产设备润滑"五定"图表必须逐台制定，和使用维护规程同时发至岗位。

(2) 设备润滑"五定"图表的内容是：

①定点：规定润滑部位、名称及加油点数。

②定质：规定每个加油点润滑油脂牌号。

③定时：规定加、换油时间。

④定量：规定每次加、换油数量。

⑤定人：规定每个加、换油点的负责人。

a.岗位操作及维护人员要认真执行设备润滑"五定"图表规定，并做好运行记录。

b.润滑专业人员要定期检查和不定期抽查润滑"五定"图表执行情况，发现问题及时处理。

c.岗位操作和维护人员必须随时注意设备各部润滑状况，发现问题及时报告和处理。

4.分析化验

设备运转过程中，由于受到机件本身及外界灰尘、水分、温度等因素的影响，使润滑油脂变质，为保证润滑油的质量，需定期进行过滤分析和化验工作，对不同设备规定不同的取样化验时间。经化验后的油品不符合使用要求时要及时更换润滑油脂。各厂矿对设备润滑油必须做到油具清洁，油路畅通。

5.更新管理

（1）厂矿对生产设备润滑油跑、冒、滴、漏情况，要组织研究攻关，逐步解决。

（2）油品的更新换代要列入厂矿的年度设备工作计划中，并经过试验，保证安全方可加以实施，油品更新前必须对油具、油箱、管路进行清洗。

6.缺陷处理

（1）设备发生缺陷，岗位操作和维护人员能排除的应立即排除，并在日志中详细记录。

（2）岗位操作人员无力排除的设备缺陷要详细记录并逐级上报，同时精心操作，加强观察，注意缺陷发展。

（3）未能及时排除的设备缺陷，必须在每天生产调度会上研究决定如何处理。

（4）在安排处理每项缺陷前，必须有相应的措施，明确专人负责，防止缺陷扩大。

7. 动态管理

设备运行动态管理，是指通过一定的手段，使各级维护与管理人员能牢牢掌握住设备的运行情况，依据设备运行的状况制订相应措施。

8. 巡检标准

各厂矿要对每台设备，依据其结构和运行方式，定出检查的部位（巡检点）、内容（检查什么）、正常运行的参数标准（允许的值），并针对设备的具体运行特点，对设备的每一个巡检点，确定出明确的检查周期，一般可分为时、班、日、周、旬、月检查点。

巡检工针对巡检中发现的设备缺陷、隐患，提出应安排检修的项目，纳入检修计划。

巡检中发现的设备缺陷，必须立即处理的，由当班的生产指挥者即刻组织处理；本班无能力处理的，由厂矿领导确定解决方案。

重要设备的重大缺陷，由厂级领导组织研究，确定控制方案和处理方案。

9. 保证体系

生产岗位操作人员负责对本岗位使用设备的所有巡检点进行检查，专业维修人员要承包对重点设备的巡检任务。各厂矿都要根据设备的多少和复杂程度，确定设置专职巡检工的人数和人选，专职巡检工除负责承包重要的巡检点之外，要全面掌握设备运行动态。

10. 传递反馈

生产岗位操作人员巡检时，发现设备不能继续运转需紧急处理的问题，要立即通知当班调度，由值班负责人组织处理。一般隐患或缺陷，检查后登入检查表，并按时传递给专职巡检工。

专职维修人员进行的设备点检，要做好记录，除安排本组处理外，要将信息向专职巡检工传递，以便统一汇总。

专职巡检工除完成承包的巡检点任务外，还要负责将各方面的巡检结果，按日汇总整理，并列出当日重点问题向厂矿机动科传递。

机动科列出主要问题，除登记台账之外，还应及时输入计算机，便于上级大公司机动部门的综合管理。

11. 立项处理

凡属下列情况均属设备薄弱环节：

(1) 运行中经常发生故障停机而反复处理无效的部位。

(2) 运行中影响产品质量和产量的设备、部位。

(3) 运行达不到小修周期要求，经常要进行计划外检修的部位（或设备）。

(4) 存在安全隐患（人身及设备安全），且日常维护和简单修理无法解决的部位或设备。

12. 薄弱环节

各大公司机动处要依据动态资料，列出设备薄弱环节，按时组织审理，确定当前应解决的项目，做好解决设备问题的预案或者提出改进方案。

厂矿要组织有关人员对改进方案进行审议，审定后列入检修计划。

(三) 设备管理规程和设备管理制度

(1) 设备操作规程。

(2) 设备使用规程和标准。

(3) 岗位责任制。

(4) 定人定机制度。

(5) 操作证制度。

(6) 安全检查、检验制度。

(7) 维修保养制度。

(8) 交接班制度。

四、设备管理效益

做好设备管理工作，可以大大提高企业的生产力，提高企业的经济效益。

(1) 减少故障停机，降低故障率，提高生产率。

(2) 降低不良率，减少投诉，提高产品质量。

(3) 减少人工费，节省维修成本和生产成本。

(4) 提高计划达成率，缩短生产周期。

(5) 减少事故次数，改善工作环境，提高安全性。

(6) 增强生产意识，提升员工士气。

第五节 设备管理的目标及其技术经济指标

一、设备管理的目标

(一) 企业对目标的管理要求

(1) 符合设备管理方针和生产经营管理方针的指引。

(2) 引导企业的设备管理进步并为企业生产经营提供有效支持。

(3) 规范对目标的统计，比如指标名称、计算公式、统计周期、数据来源、归口管理单位等。

(4) 规范目标的制定、传达与分解、实施、监控与反馈、评价。

(5) 按照数据分析的要求，对目标进行监控、评价与改进，绩效提升。

(二) 设备管理的目标

1. 目的

(1) 保证设备完好率，使生产正常运行。

(2) 改进设备性能以满足不断提高产品质量和生产效率的要求。

2. 适用范围

适用于全公司的设备管理，包括所有生产设备、电脑、打印机、复印机、汽车等。

3. 职责

(1) 设备安全部

①跟踪和了解本行业装备发展的信息，选择先进适用的技术设备，定期向生产副总递交引入新技术、新设备、新材料动态情况报告。

②对现有设备实行全面管理。

a. 整理设备资料 (说明书、合格证、保修单、随机备件及工具清单等) 归档；

b. 建立设备使用和维修档案；

c. 编制设备操作规程、岗位维护养护规程，并对生产部门的骨干进行培训，属于专业机械的还要对操作者进行培训；

d. 编制《设备年度检修计划》《设备检修程序》；

e. 编制易损件的合理库存量；

f. 接受生产副总的指示，搜集汇总设备使用意见，记录设备缺陷，编制设备技术改造计划，经批准后组织实施。

（2）设备使用部门

①正确操作使用设备；

②设备的日常维护与保养；

③设备的现场保管；

④设备缺陷的及时如实汇报。

4. 工作内容及要求

（1）设备购置和更新

①设备安全部根据公司规划和生产经营的实际需要，每半年或生产副总有指示时向总经理递交"设备购置的技术经济分析报告"，并附报"设备购置计划"。

②总经理对下述资料组织论证：

a. 召集设备管理部门及设备使用部门负责人讨论；

b. 组织对两家以上的供应商进行询问报价；

c. 必要时聘请专业人士征询意见。

通过论证要对设备的先进性、适用性、维修性、安全性、售后服务等项目做出评价并记录，按择优选定的原则，对"设备购置计划"进行审批。

③设备安全部依批准的"设备购置计划"，跟多家供应商洽谈，货比三家后，起草合同，按《合同管理制度》的规定报批。

④由公司采购部门按照《采购控制程序》执行采购。

⑤设备到厂后，由供应商安装试机或由我司人员安装试机，达到预期的技术参数后，由使用部门、采购部门和设备安全部共同验收，并填写"设备入厂验收表"及"重点设备安装、调试记录表"。

⑥设备安全部对已购置的设备：

a. 收集资料，进行分类、编号、归档，并填写"机器设备一览表"；

b. 在设备上进行标识;

c. 填写"设备移交清单"移交给使用部门,并按《设备使用前培训考试规定》对设备使用部门的负责人和操作工进行培训和考试。

d. 对设备运行和完好检查进行记录统计。

(2) 设备的保养与维修

①设备安全部部门

a. 编制生产设备的操作规程和维修保养规程;

b. 对使用部门骨干或重点设备的直接操作者进行培训;

c. 每台机器设立对应的资料存档,并录入电脑;

d. 每台机器设立"设备保养及维修记录卡",注明保养项目及频次记录保养及维修的经历,"记录卡"一年一换;

e. 每年的 12 月 20 日前编制次年的"设备检修计划"报总经理批准;

f. 根据设备检修计划或设备运行记录对设备进行维修和保养,并在"设备保养及维修记录卡"上做好记录;

g. 计算设备维修费用,统计备品备件消耗情况;

h. 必须委外维修的设备,办理批准及出厂手续,返回时核对维修项目,验收并做记录。

②使用部门

a. 组织对员工的全面培训,落实规程要求;

b. 督促组长、操作工、维修工按"设备保养及维修记录卡"的内容执行保养工作;

c. 了解设备状说,及时向设备安全部报告设备故障和设备事故。

(3) 设备管理记录

记录的分类:普通设备管理记录以及重点设备管理记录。

二、设备管理的技术经济指标

(一) 设备技术经济指标的意义

指标是检查、评价各项工作和各项经济活动执行情况、经济效果的依据。指标可分成单项技术经济指标和综合指标,也可分成数量指标和质量指标。指标的主要作用有：①在管理过程中起监督、调控和导向的作用，通过指标考核、分析，发现偏差及时采取措施调整、控制，制定新的考核指标；②通过指标考核，定量评价管理工作的绩效；③指标通过数据的形式反映实际工作的水平，评价、考核的绩效与企业及个人的利益挂钩，起到激励和促进的作用。

设备管理的技术经济指标体系就是一套相互联系、相互制约，能够综合评价设备管理效果和效率的指标，设备管理的技术经济指标是设备管理工作目标的重要部分。设备管理工作涉及资金、物资、劳动组织、技术、经济、生产经营目标等各方面，要检验和衡量各个环节的管理水平和设备资产经营效果，必须建立和健全设备管理的技术经济指标体系。此外，有利于加强国家对设备管理工作的指导和监督，为设备宏观管理提供决策依据。

(二) 设备技术经济指标的原则

（1）在内容上，既有综合指标，又有单项指标；既有重点指标，又有一般性指标。

（2）在形态上，既有实物指标，又有价值指标；既有相对指标，又有绝对指标。

（3）在层次上，既有政府宏观控制指标，又有企业微观及车间、个人执行的指标。

（4）在结构上，从系统观点设置设备全过程各环节的指标，既要完整，又力求精简。

（5）在考核上，应按照企业的生产性质、设备构成指标装备特点等分等级考核。

(三) 设备管理技术经济指标的构成

1. 技术指标
（1）设备更新改造指标。
（2）设备利用指标。
（3）设备技术状态指标。
（4）设备维修管理指标。

2. 经济指标

(1) 设备效益指标。

(2) 设备投资评价指标。

(3) 设备折旧指标。

(4) 维修费用指标。

(5) 能源利用指标。

(四) 选用指标

1. 国家指标

主要考核指标是国有资产保值增值率，同时依法对国有资产流失、设备的安全、节能、环保等方面进行监督。

2. 行业或主管部门选用指标

不同的设备系统应设置不同的考核体系，企业应根据具体情况进行分层、选择与设置，以方便检查与考核。

(五) 指标使用的基础工作

(1) 制定和完善设备管理指标评价标准。

(2) 健全统计工作。

(3) 完善各环节计量、测试手段。

(4) 推进设备管理的标准化工作。

(六) 设备管理技术经济指标评价

(1) 国家除建立健全国有资产保值增值考核和责任追究制度外，还应该通过相应的法律、经济和行政手段对全社会的设备资源的有效利用和优化配置进行宏观调控和指导。

(2) 设备完好率作为设备技术状态的主要考核指标，目前企业可继续使用。

(3) 维修定额是计划经济的产物，但对全面衡量维修的劳动组织、物质技术装备、修理技术水平仍有价值，可继续使用。

(4) 企业应重视设备净资产收益率的考核使用，促进企业设备管理以效益为中心。

（5）为加大企业设备革新改造的力度，企业根据具体情况提高设备折旧率。

（七）设备管理经济技术指标

设备管理经济技术指标是设备管理工作目标的重要组成部分，它的作用在于检查设备管理工作执行情况、评价工作所取得的效果。

设备经济技术指标分为统计类、考核类、分析类三种，其中最能反映设备管理工作总体状况的主要有以下几种：设备综合完好率（SZWL）、设备利用率（SLL）、设备故障停机率（SGTL）、大型关键设备平均故障间隔期（MTBF），在此逐一做介绍。

（1）设备综合完好率（SZWL）。设备综合完好率是指设备完好台日占日历台日的比重，它反映企业设备总体技术状况。

（2）设备利用率（SLL）。设备利用率是指设备实际开动时数与制度开动时数的比例，它反映企业设备在时间上的利用程度，其中设备工作时间从设备进入工作状态，也就是从接到生产任务启程开始算起，包括组停、计划检修停工、搬运、安装、试车、规定的日常保养时间。

（3）设备故障停机率（SGTL）。设备故障停机率是指设备故障停机时间与设备应开动时间的比例，反映了设备的技术状况、故障程度、维修效率与质量。

（4）大型关键设备平均故障间隔期（MTBF）。大型关键设备平均故障间隔期是指大型关键设备的发生故障的平均时间，反映了大型关键设备运行稳定性和维修质量。

第五章

电气安全基础

第一节　电 气 事 故

一、电气事故概述

(一) 电气事故的概念

电气事故是由电流、电磁场、雷电、静电和某些电路故障等直接或间接造成建筑设施、电气设备毁坏、人、动物伤亡，以及引起火灾和爆炸等后果的事件。电气事故是局外电能作用于人体或电能失去控制所造成的意外事件，即与电能直接关联的意外灾害。电气事故将使人们的正常活动中断，并可能造成人身伤亡和设备、设施的毁坏。管理、规划、设计、安装、试验、运行、维修、操作中的失误都可能导致电气事故。

近年来，随着我国经济建设的飞速发展，电气科技不断提高，人们个性化需求越来越高。热衷追求电气化的生活，很明显地突出，在电气设备使用过程中给人们的人身安全带来了极大的隐患。做好各用电企业和用电部门(以下简称用户) 的安全用电管理工作。防范和及时处理电气事故的发生是一项重要的基础工作。积极贯彻执行"安全第一、预防为主"的教育方针，以用电户为单位，做好日常的电气专业技术管理工作。加强对突发性电气事故的应急处理能力，防范杜绝发生重大电气事故。不断提高操作人员的技术能力，不断提高电气安全运行水平。

(二) 分类

按照构成事故的基本要素，电气事故可分为触电事故、静电事故、雷电灾害、射频辐射危害、电路故障等五类。

1. 触电事故

触电事故是由电流的能量造成的。触电是电流对人体的伤害。电流对人体的伤害可以分为电击和电伤。绝大部分触电伤亡事故都含有电击的成分。

2. 静电事故

静电事故指生产工艺过程中和工作人员操作过程中，由于某些材料的相对运动、接触与分离等原因而积累起来的相对静止的正电荷和负电荷。静电电压可能高达数万乃至数十万伏，可能在现场产生静电火花。在火灾和爆炸危险场所，静电火花是一个十分危险的因素。

3. 雷电灾害

雷电灾害是大气电。雷电放电具有电流大、电压高等特点。其能量释放出来可能产生极大的破坏力。雷击除可能毁坏设施和设备外，还可能直接伤及人、畜，还可能引起火灾和爆炸。

4. 射频辐射危害

射频辐射危害即电磁场伤害。人体在高频电磁场作用下吸收辐射能量，使人的中枢神经系统、心血管系统等部件会受到不同程度的伤害。射频辐射危害还表现为感应放电。

5. 电路故障

电路故障是由电能传递、分配、转换失去控制造成的。断线、短路、接地、漏电、误合闸、误掉闸、电气设备或电气元件损坏等都属电路故障。电气线路或电气故障可能影响到人身安全。

(三) 电气事故的特征

与其他安全事故相比，电气事故具有以下特点。

1. 危害性

电气事故的发生伴随着危害和损失。电能直接作用于人体，会造成电击；电能转换为热能作用于人体，会造成烧伤或烫伤；电能脱离正常的通道，会形成漏电、接地或短路，构成火灾、爆炸的起因。据安全管理部门统计，我国电气火灾约占火灾事故总数的20%。严重的电气事故不仅带来重大的经济损失，还会造成人员伤亡事故。统计资料表明，我国每年触电死亡人数约占全部工伤事故死亡人数的5%，如果再加上农村用电事故死亡人数和非生产触电事故死亡人数，数字会更大、更惊人。

2. 抽象性

电具有看不见、听不见、嗅不着的特性，电磁辐射更具有感觉不到的特点。因此，由电所引发的危险往往不易为人们所察觉、识别和理解。电气事故的这一特征无疑会增加其危害的严重性，并给电气事故的防护以及安全培训教育带来难度。

3. 广泛性

除了在用电领域会发生触电、设备和线路故障等电气事故外，在一些非用电场所，由于电能的释放也会造成灾害或伤害，例如，雷电、静电和电磁场危害等。另一方面，电能的使用极为广泛，几乎涉及人们生产和生活的所有领域。只要使用电，就有可能发生电气事故，就必须考虑电气事故的防护问题。

4. 综合性

电气事故的机制除了电学之外，还涉及力学、化学、生物学、医学等多种学科。电气事故的防护是一项综合性的工作，在电气事故的预防上，既要有技术上的措施，又要有管理上的措施。在技术方面，预防电气事故主要是进一步完善传统的电气安全技术，研究新出现电气事故的机制及其对策，开发电气安全领域的新技术等；在管理方面，主要是健全和完善各种电气安全组织管理措施。

5. 规律性

电气事故是具有规律性的，在电气事故中，大量的事故都具有重复性和频发性。人们在长期的生产和生活实践中，已经积累了预防电气事故的丰富经验，各种技术措施、各种安全工作规程及有关电气安全规章制度，都是这些经验和成果的体现。只要依照客观规律办事，不断完善电气安全技术措施和管理措施，电气事故是可以避免的。

二、电气事故的危害与防护

(一) 危害

1. 对人体的伤害

由电击和电弧引起的电伤，静电伤害；触电是一定量的电流通过人体，引起机体损伤或功能障碍，甚至死亡。

2. 对物体的损害

主要是由电气事故引起的火灾、爆炸，造成设备及财产财物烧毁。在电力输送和设备中具有大量的易燃、可燃物质和较高的运行温度，因此，也具有火灾爆炸的危险性，一旦发生事故，不但影响电力系统的安全运行，还会造成重大经济损失、严重的环境污染及引发二次事故。

（二）防范

电的传输很快，而且"看不见、听不着、摸不得"，"发、供、用"瞬间即可完成，因而发生事故的可能性很大，往往在较短的时间内就可以造成不可挽回的严重后果。

简单了解了电气事故及危害后，我们在电力系统的设计和运行中，不仅要考虑正常工作状态，还必须考虑到发生故障时所造成的不正常工作状态。实际运行表明，破坏供电系统正常运行的故障，多数为各种短路故障。短路是指供电系统中等电位的导体在电气上被短接，如相与相之间的短接，中性点接地系统中一相或几相与大地相接以及三相四线制系统中相与零线的短接。发生因供电系统供电中断造成用户停电事故，或因电气设备本身绝缘老化或因误操作，过电压等造成绝缘击穿、设备烧毁，人身电击伤亡。因而为了限制发生电气事故所造成的危害和故障范围的扩大，以保障电气系统安全正常运行。须制定对用户电气事故防范措施的具体内容有以下三点。

绝大多数情况，是绝缘的破坏未及时发现和及时消除设备中的缺陷引起的人身触电等电气损坏事故，电气专业人员在对电气设备使用前需进行绝缘测试，一般来说用兆欧表测定，测量额定电压 500 V 以下的线路或设备的绝缘电阻，应采用 500 V 或 1000 V 的兆欧表（摇表）应根据被测对象选用不同电压等级的摇表，摇表有 250 V、500 V、1000 V、2500 V 四种。绝缘电阻测试能把电气设备的泄漏电流限制在很小的范围内，从而能起到防范因漏电造成的触电事故。电气设备在使用前进行必要的测试检查，以便及时发现问题，避免发生事故。

电气设备长期过负荷及产生电气短路，因短路而引发供电中断的停电事故。产生短路的原因有多种，但主要是各线路各电气设备在使用中都必须分别安装好保护电器，合理配置各种相应的保护电器如熔断器、过电流脱扣器、热继电器、热脱扣器、过电流继电器，等等，合理配置保护电器能避免设备在产生各种异常故障情况下所招致损坏的一种有效的保护。保护电器能自动切断电源，对线路和设备起到一定保护作用。

在工业企业中，一些比较特殊的环境和场所，例如：易燃、易爆等场所，要了解它们的特点。在易燃易爆等场所中，电气设备在运行中，电流的热量和电流的火花或电弧，是产生事故的直接原因，防范必须有个综合性的措施，包括选用合理的电气设备，保护必要的防火间距，保持电气设备正常运行，保持通风良好，采取耐火设施，装设良好的保护装置等技术防范措施。

（三）注意事项

对事故应急处理和防范的前提条件就是要能够对事故做出正确判断，判别停电事故是由供电系统造成的停电，还是由于用户内部设备故障造成的原因。

对事故应急处理采用隔离措施时应妥善周到，消除事故的根源并解除对人身和设备安全的威胁，严防因故障地点隔离不清而影响其他供电系统恢复供电，影响供电系统运行安全。

对事故的处理和防范重点是事故自身的表现状态，特别要注意继电保护及自动装置的动作灵活情况。断路器、变压器电气元件的工作状况，供电电源、电压是否正常，跌落保险等电气设备的检查避免遗漏，防止发生对事故的误判断。

三、电梯电气常见事故及原因分析及处理方法

电梯电气控制系统的事故种类非常繁多，但是经过对大量电梯电气事故的分析，电梯电气控制事故主要可以分为以下几个方面。

（一）保险丝事故

造成电梯电气系统保险丝事故的主要原因有：第一，由于缓冲器、地坑急停以及断绳开关短路引起；第二，由于井道积水，导致回路产生短路点；第三，厅外有水或者是有线破裂断路；第四，由于控制线圈烧毁，导致控制

元件内部断路。

(二) 接触与断路器事故

这种情况主要表现为：接触器或者是继电器不工作。造成此事故的主要原因是：接触器或继电器的线圈烧坏、控制线路或插件有断点以及控制线路中的保险丝被烧坏等。

(三) 轿门、厅门连锁开关事故

这种电梯电气事故主要变现为：电梯关门但是不移动，造成这一事故的原因主要是由于连锁开关接触不良或者是开关损坏以及某线路断路等。

(四) 缓冲器开关及地坑急停开关事故

这种电梯事故主要变现为电梯不移动，造成此类事故的主要原因是由于接触不良、缓冲器没有复位或者不到位、主钢丝绳长度过长、对重碰到缓冲器开关损坏等。

(五) 冲顶或蹲底事故

接触器有剩磁。接触器表面油污或磨损光滑导致了接触器的延时释放。尤其是快车接触器产生延时释放时，所产生的冲顶或蹲底事故是尤其的严重的。

慢车接触器不吸合。当慢车回路产生故障时，慢车的接触器就会发生不吸合现象。而快车释放松开制动器，导致电动机的无能耗制动而冲过平层区。到达端站时，引起冲顶或蹲底事故。

制动器滞阻。当制动器发生滞阻或者是有剩磁时，很容易导致制动器的无法抱紧。这种情况可能会导致对重倒拉轿厢急速向上冲顶，造成电梯的严重损坏危及人员安全。

上下强迫减速开关。当电梯停站触发回路动作产生故障时，会引起电梯的无法停止，如果此时上下强迫减速限位被短接或者损坏，并未发觉，势必会引起电梯的冲顶或蹲底，造成人员及财产的损害。

(六) 电气事故排除方法

电梯电气事故种类繁多，一旦发生电梯电气事故，就可以采用以下常见的电气事故排除方法。

1. 代替法

当可以判定事故处在某个电路元件时，可以将有损坏的电路元件卸下，使用新的电路元件进行代替。假若故障消失，则判断准确，反之则继续查找。维修人员一般要对电梯易损元件及重要元件进行储备，一旦发生事故便可及时更换，后将损坏元件漫漫修复，这个方法可以较快地解决电梯的电气事故。

2. 短路法

由开关或接触器触点组成了电梯电气系统的控制环节电路。当怀疑某触电故障时，可将该触点进行短接，通电时故障消失，则说明该电气元件已经损坏。这里要特别注意的是做完故障点实验后要立即卸下短接线路，不能用短接来代替某元件运转。通常电梯电气逻辑关系电路的断点可以使用短接法来进行检查。

3. 电阻测量法

电梯电气系统发生断路事故时，一般都是由接头松动、开关触点接触不良或者是某元件损坏造成的。发生断路事故可以采用万用表进行检查。使用万用表进行检查时，可分别对电路的电阻值与电压值进行测量。对电阻进行检查时，要切断电路电源，并根据电路原理图对系统的电路进行分段式电阻测量，依靠各段的电阻值来判断事故发生点。对电压进行检查时，则需要接通电源进行，根据电路原理图对系统的电路进行分段式电压测量，并分析各段电压值的大小来判定事故的发生点。

4. 经验积累法

一般为了能迅速地排除电气故障，一方面要不断地对自身的经验进行总结；另一方面也要善于学习、总结别人的工作经验。电梯的电气事故发生时，所表现出来的事故状态都是有一定规律的，有的直接可以用经验来确定事故的发生点，要注视并总结自身的实际工作经验，丰富的经验可以帮助快速地解决事故。不断地学习总结国内外的一些电梯电气事故维修经验，不仅可以提高自身的专业技术水平，而且对电梯的稳定、安全运行有着非常重要的作用。

第二节　电流对人体的作用

一、电流对人体的作用

(一) 人体的导电性

1. 人体的直流电阻

在人体的组织液中含有大量的正负离子和其他带电粒子，这些带电粒子就是体内的载流子，只要有适当的电场作用，就会定向移动形成电流。组织的导电性决定于其含水量和相对密度，含水量多，密度小，导电性就好；含水量少，密度大，导电性就差。比如，肌肉和大脑的含水量大，是良导体；而脂肪和骨的含水量小，密度较大，是不良导体。

2. 细胞和组织的阻抗

细胞内外都是导电性良好的电解液，而细胞膜对一些离子难以通透，几乎是绝缘的介质，但细胞膜对另一些离子容易通透，所以可以设想细胞膜具有一定的电阻，像电容器极板之间的漏电阻一样。因此，在电学上细胞可以等效为 RC 并联电路模型。人体是由各种不同组织构成的，而每一种组织又是由无数个细胞组成的，使人体成为一个复杂的导体。当直流电送入人体时，细胞对直流电的电阻很大，电流几乎不通过细胞，而在细胞之间的间隙流过，这时主要靠细胞外液的带电离子定向运动导电。当交流电输入时，电流不仅可以从细胞之间的空隙中流过，而且还可以穿过细胞。此外，研究还表明，组织对直流电的电阻率最大，随着电流频率的增加，电阻率逐渐下降，说明人体组织的阻抗是电容性的。

(二) 直流电对人体的作用

不同性质的电流会对人体产生不同的生理效应。当给人体的某一部位通以直流电时，体内组织液中的离子将在电场力的作用下做定向移动，产生各种物理和化学变化，进而引起生理作用，主要包括以下内容。

1. 离子透入

利用直流电把药物从皮肤外引入机体内部，同时兼有直流电和药物的作用，其疗效比单纯的直流电效果更好，目前已在临床上得到广泛的应用。

2. 电解作用

体内组织液中含有大量的钠离子和氯离子，当机体通过直流电时，钠离子将向阴极移动，氯离子将向阳极移动，这样便在电极上生成钠原子和氯原子，通过进一步与水作用，可以生成酸和碱，从而能够改变体液中的酸碱度。

3. 调控离子浓度

由于细胞膜对离子的移动具有很大的阻力，所以在直流电的作用下，在细胞膜上会产生离子堆积，从而使原有的离子浓度分布发生改变，引起某些生理效应。

（三）交流电对人体的作用

交流电通过人体后，能使肌肉收缩产生运动，造成机械性损伤，电流产生的热效应和化学效应可引起一系列的病理变化，使机体受到严重伤害，特别是电流流经心脏时，对心脏损害极为严重。但是在某些情况下，可以借助高频电流达到治疗目的，比如高频电疗和高频电刀。

高频电疗主要是利用电流的热效应。在高频交变电磁场的作用下，机体中的一些离子发生振动，出现离子间的相互摩擦，离子与周围的介质也存在摩擦，结果产生大量的热量。在临床治疗过程中，就是利用高频电流对组织的热效应进行治疗的。不同频率的电流，其生物作用不同。比如，中波治疗时，浅组织产热相对比深组织要多；而采用短波时，深浅组织产热差别较小，因此短波理疗作用要比中波透热均匀、深透；而超短波的透热作用又要比短波更均匀、深透，并且持续时间长。

高频电刀是利用电流通过机体时的热效应制成的，是现代外科手术常用的设备之一。

高频电刀有两个电极：一个是无效电极，面积较大，可放在身体的任何部位，一般放在臀部；另一极是有效电极，通常制成针形或刀状，有效面积较小。当通入高频电后，无效电极处因电极面积大，电流密度小，不会产生灼伤作用；而有效电极处因电极面积小，电极接近人体时发生火花放电，在局部组织中电流密度很大，在瞬间能产生大量的热量，迅速使组织溶液沸腾并蒸发，可将肌肉分裂成一个不出血、窄而平坦的切口。由于灼伤作用，还能够使小血管中的血液凝固到一定的深度，封闭血管，代替结扎，同时完成切割和止血工作。

二、低频脉冲电流对人体治疗作用分析

随着科技的迅猛发展，社会竞争日益激烈，工作压力逐渐增大，城市中的白领或精英阶层超强度、超负荷的工作，导致很多人患有一些慢性疾病，比如胃肠疾病、颈椎病等。由于经济条件的制约，中国医疗条件和设施还不是很完备，非严重性病人或一些慢性病人除了采取传统的药物和手术治疗之外，绝大部分人采用物理治疗方法进行治疗和康复、保健。随着科技和医学技术的发展，仪器治疗逐渐成为一种应用较为广泛的新型物理治疗方式，智能型治疗仪器也成为个人（家庭）治疗或保健的重要工具。

物理治疗是应用天然（光、声、热、冷、水）或人工物理因子（力、电、磁）作用于人体的某个部位，并通过人体神经、体液、内分泌和免疫等生理调节机制，达到保健、预防、治疗和康复目的的方法。在诸多物理治疗中，低频脉冲治疗因其无明显的电解作用，对感觉、运动神经有强的刺激作用等特点而广泛应用于术后伤口的愈合、镇痛等方面。

（一）低频脉冲的生理刺激机理

中医学研究证明，在人体生命的机体里，时时刻刻都在发生某种特殊的、微弱的电流——生物电（相当于电流）。经络是一条具有传感和低电阻的传导体，作用相当于电阻传输电流。生物电从心脏、脑、肌肉、神经等部位发出，通过经络传输给身体的各个器官，对身体的正常运行起着重要的作用。当身体的某些器官或部位出现异常时，其正常的生物电也就出现异常，从而引起人体各种不适或疼痛。人们在进行针灸治疗时，针每捻转一次，其实质就是产生一个物理的电脉冲。外部的电刺激脉冲可以替代为体内的生物电而影响组织器官。医学研究证明，哺乳动物运动神经的不应期多在 1 ms

左右，也就是说当外部电刺激的频率是 1000 Hz 时，运动神经的感觉最灵敏，外部的电刺激可以转化为体内的生物电而影响组织。一般而言，频率低于 1000 Hz 的电流称为低频电流，因此该疗法为低频电疗法。由于该疗法对感觉、运动神经有很强的刺激作用，同时电流和频率不高，无明显的电解现象和热效应，因此较为安全。

人体是一种复杂的电解质导体，该导体是由水、带电生物胶体和无机盐等构成。身体某个部位出现异常（如疼痛、红肿等），一般来说是身体的电解质导体不能顺畅地输送水分和无机盐等电离子。中医采用的按摩、推拿就是通过外部作用使组织中的离子发生定向运动，引起神经肌肉的兴奋，从而达到治疗作用。当低频脉冲电流作用于人体时也可以产生按摩和推拿等相似的作用。由于哺乳动物运动神经的绝对不应期多在 1 ms 左右，因此频率在 1000 Hz 以下的低频电脉冲每个脉冲都有可能引起一次运动反应。这是脉冲电流治疗作用最基本的电生理基础。

在医学领域常把频率在 1000 Hz 以下的脉冲电流称作低频电流，这与物理学中对频率高低的分类少许不同。与中频和高频电流相比，低频脉冲电流的特点是：①频率较低，电流（低于 15 mA）也较小，因此作用于皮肤无明显的电解作用；②由于与哺乳动物的不应期相吻合，因此对感觉神经和运动神经都有强的刺激作用；③以介电特性为主，对人体组织无明显热作用。

根据生物学研究：人体内的组织和细胞在某种程度上都具有对外界刺激发生反应的能力。细胞能够兴奋是因为细胞膜内外有电位差，且细胞内电位低于细胞外电位。不同细胞其内外的电位差也不同，比如神经细胞的静息电位（Resting Potential）差值约为 –70mV，而肌肉细胞静息电位约为 –90mV。细胞膜内外的电位差是由于细胞膜对钠离子、钾离子和氯离子的不同通透性。

利用低频脉冲电流的特殊作用达到治疗和保健作用，在医学领域的应用已有 100 多年的历史。无数的临床研究，证实了微电流疗法的功效。低频脉冲电流治疗原理是：通过外部脉冲刺激表皮组织内的细胞，使出现异常的细胞发生动作电位，实现神经感应、肌肉收缩等具体感觉效应，使细胞达到平衡维持静息电位。在医疗范围内，外部的刺激只有在满足刺激的强度和时间一定的范围内，才能使神经细胞发生动作电位，并且没有伤害。

(二) 低频脉冲的生理治疗作用及分类

1. 低频脉冲的生理治疗作用

低频脉冲能够兴奋神经细胞组织、镇痛和促进局部血液循环等都在临床医学研究中得到证明。

兴奋神经细胞组织细胞是生物体的基本单位,人体所有的生理功能和生化反应都是在细胞及其产物的物质基础上进行的。组织或细胞具有对外界刺激发生反应的能力,即具有兴奋性。细胞的兴奋与许多因素有关。根据细胞的兴奋机理,任何外界刺激(化学、机械、温度、电、光等)要引起细胞兴奋,必须有一定的刺激强度、刺激持续时间和刺激频率。因此恒定直流电即使刺激强度和刺激持续时间足够也不能引起神经肌肉兴奋,只有达到一定刺激强度的不断变化的外向电流才能使神经肌肉组织兴奋,从而引起肌肉收缩。

2. 镇痛疼痛

镇痛疼痛是人类共有而个体差异很大的一种不愉快的、复杂的主观感觉。医学界给疼痛下的定义是"由于损伤或可能破坏组织的刺激所引起的感觉体验"。根据中国传统医学资料,按摩、推拿等是作用于疼痛部位既可以缓解疼痛或不适又不会有很大副作用的治疗方式。低频脉冲电疗法就是通过调整外部电刺激的频率、强度以及持续时间来模拟按摩、推拿等方式,达到镇痛的治疗目的。依据镇痛的几个学说:脊髓闸门控制学说、皮层干扰假说、掩盖效应假说、内源性吗啡样物质释放假说,可以得出:适当的电刺激可以通过皮肤组织细胞或神经干扰、掩盖病变带来的疼痛,从而消除或减弱了疼痛的刺激因素,同时电刺激也引起神经组织释放特殊的物质从而达到镇痛效果。

3. 促进局部血液循环

促进局部血液循环其实现的方法主要表现在以下几个方面:首先,低频脉冲电流作用于皮肤,表皮组织的低频电流刺激使细胞兴奋,同时释放出组织胺,使毛细血管扩张,出现治疗后稍长时间的皮肤充血反应;其次,神经受到低频脉冲电流刺激后内细胞释放出少量的乙酰胆碱等物质,可以使血管扩张;再次,低频脉冲电流能使肌肉组织在有规律的电刺激下活动并产生代谢一些能扩张血管、改善肌肉组织供血，如代谢物如乳酸、ADP、ATP 等；最后，交感神经节在有规律的间动电流作用下使血管扩张，放松肌肉。

4. 低频脉冲电流疗法的临床应用分类

低频脉冲电刺激作为一种物理治疗方法目前已经广泛应用于临床。依据治疗作用，主要分为神经肌肉电刺激、功能性电刺激、经皮神经电刺激和间动电流刺激 4 类。

神经肌肉电刺激疗法的临床应用已有 100 多年的历史，它的范围很广。神经肌肉电刺激疗法的波形有两种：不对称双相方波和对称双相方波，由于在同样的电流强度下，对称双相方波引起的肌收缩力比单相方波大 20% ~ 25%，因此神经肌肉电刺激疗法一般采用对称双相方波。便携式的神经肌肉电刺激疗法仪的波宽固定于 0.2 ~ 0.4 ms 可调，大型神经肌肉电刺激疗法仪的波宽在 0.05 ~ 100 ms 可调。临床应用证明波宽 0.3ms 的电流比 0.05 ms 或 1ms 的电流更舒适，不易引起疼痛。

功能性电刺激疗法是美国医生 Liberson 等在 1961 年发明的。他们用脚踏开关控制电流刺激腓神经支配的肌肉，产生踝关节背屈，以帮助患者行走，为功能性电刺激疗法开创了在脑卒中偏瘫后运动功能恢复方面的应用先河。当时称为功能性电疗法，1962 年正式定名为功能性电刺激疗法。功能性电刺激疗法一般使用双相指数波、方波；频率范围为 20 ~ 50Hz；波宽为：0.3 ~ 0.6 ms；脉冲群宽度：0.8 ~ 1.8 s；调幅用梯形波，上升时间 0.5 ~ 1.5s，下降时间 0 ~ 1.0 s 可调。

经皮神经电刺激疗法是根据疼痛闸门控制学说于 20 世纪 70 年代发展起来，在欧美国家非常普及，其临床除了广泛用于治疗各种急、慢性疼痛和神经性疼痛，还可用于改善慢性脑卒中患者的躯体功能，但仍以治疗疼痛为主。频率一般为 70 ~ 110 Hz；波宽一般为 0.04 ~ 0.3 ms；脉冲群的宽度一般为 100 ms 左右。

间动电流刺激疗法由于间动电流可以采用 6 种波形 (密波、疏波、疏密波、间升波、断续波、起伏波)，与其他治疗方法相比，止痛作用比较明显。但间动电流具有直流电性质，有电解作用，治疗时需要明确阴阳极，为了防止局部发热、烧伤要用衬垫。因此间动电流刺激不适合于便携式小型治疗仪。

第三节　工业企业供配电

一、工业企业供配电

工业企业供配电是指工业企业所需电能的供应和分配。由于电能易于由其他形式的能量转换而来，又易于转换为其他形式的能量，并且电能在传输和分配上简单经济、便于控制，因此，电能成为现代工业生产的重要能源和动力。实际上，电能的生产、输送、分配和使用是在同一瞬间完成的，实现这个全过程的各个环节构成了一个有机联系的整体，这个整体就称为电力系统。

(一) 电力系统的组成

电力系统由发电厂、送电线路、变电所、配电网和电力负荷组成。

电厂又称发电站，是将自然界蕴藏的各种一次能源转换为电能 (二次能源) 的工厂。

发电厂根据一次能源的不同，分为火力发电厂、水力发电厂、核能发电厂以及风力发电厂、地热发电厂、太阳能发电厂等。在现代的电力系统中，最常见的是火力发电厂、水力发电厂和核能发电厂。

送电线路是指电压为 35 kV 及其以上的电力线路，分为架空线路和电缆线路。其作用是将电能输送到各个地区的区域变电所和大型企业的用户变电所。

变电所是构成电力系统的中间环节，分为区域变电所 (中心变电所) 和用户变电所。其作用是汇集电源、升降电压和分配电力。

配电网由电压为 10 kV 及其以下的配电线路和相应电压等级的变电所组成，也有架空线路和电缆线路之分。其作用是将电能分配到各类用户。电力负荷是指国民经济各部门用电以及居民生活用电的各种负荷。

(二) 额定电压和电压等级

电气设备都是设计在额定电压下工作的。额定电压是保证设备正常运行并能够获得最佳经济效益的电压。

电压等级是国家根据国民经济发展的需要、电力工业的水平以及技术经济的合理性等因素综合确定的。

随着我国经济的快速发展，电能在我们的生产生活中被广泛使用，并发挥着至关重要的作用。工业供配电系统设计的科学合理性是保障经济发展和生产企业安全生产的前提，在供配电设计过程中，应做好整个系统的统筹规划，根据工业生产的实际情况和将来扩展的需要科学选择供配电方案，以满足工业生产需要，使系统安全、可靠、经济，同时设计时要考虑引用当前先进的电力新技术和新工艺，必要时加装电力综合自动化后台监控系统。

二、供配电设计原则

系统设计时，首要的是保证系统安全，在电力的供应、分配和使用中，必须首先能确保人身和设备的安全。其次是系统可靠性，即应用高可靠性的电力和电气产品保证供电可靠性。再次是优质供电，设计时要满足生产设备对电压和频率等供电质量的要求，确保供电质量；再就是考虑经济性，供配电系统的投资要节省，系统运行费用要低，还要能有效节约电能。总之，工业厂房供配电系统必须能切实有效保证工业生产的供电需求，更好地为工业生产服务，提高企业生产效益。供配电系统设计方法如下：

(一) 导线、电缆的选取

要有效保证工业厂房供配电的安全，使其正常运行，必须注重导线和电缆的选择，在选取时要按照供配电系统所需的载流量、电压等级、发热条件和导线电缆的机械强度等进行综合考虑。10 kV 及以下的高压线路和低压动力线路都要先按照负载大小来选择截面，确定截面后再校验机械强度和电压损耗，对于一些低压线路导线和电缆，可先按负载大小及电损来选择，再按机械强度和发热程度确定导线和电缆的类型，选择电缆类型还应考虑敷设条件。

(二) 负荷分级

供配电设计时需做好负荷分级，根据电力负荷事故对经济及政治等方面的影响大小来划分等级，可分为一、二、三级，事故所造成的损失和影响越大，对供电提出的要求就越高。要求最严格的是一级电荷，需配双电源，保证电力持续供应，避免供电中断；还应注意到一回路电源出现问题会对另一回路电源造成影响，因此除了双电源要求外，还需备有应急电源。二级负荷即在线路发生故障时能够保证不受断电影响或是在断电后能够很快恢复。三级负荷保证设备正常供电即可。综上所述，一级负荷两路电源供电，增设应急电源；二级负荷两回路供电；三级负荷无特殊要求。此外，在工业企业配电中，比如煤炭、冶金等一些高能耗企业，核心设备用电量很大，需根据不同工艺、不同设备分别进行费用计算，因此应将不同电价的负荷分开，分类加装电量计量装置，便于后期工作。

(三) 高、低压配电系统

高压配电系统设计前，先根据负荷情况确定配电电压等级，并充分考虑变电站 (配电室) 及负荷的具体分布，设计出多套切实可行的高压配电系统布置方案，再从中选择可靠性和经济效益高的方案进行优化，只有这样，供配电设计才能符合用电需求。对于低压配电系统，可采用 380/220 V 的 TN-C-S 系统，进入厂房后采用放射式、树干式或树干与放射混合式供电方式。

(四) 变配电室

变配电室的设计位置应接近负荷中心，通常应将供电半径控制在 250 m 范围内，最大不宜超过 300 m。条件允许的情况下，变配电室应安装综合自动化装置，即集保护、测量、控制、通信于一体的综合自动化装备，通过综自装置实现运行数据的采集、储存和交换。对供配电质量要求相对高的工业厂房变配电室可考虑远程监测监控平台，对供配电系统进行后台远程遥信、遥测和遥控，并远程监视"人机对话"，从而提高电力系统的综合自动化、信息化程度及安全质量标准化水平，避免电力事故的发生。

(五) 改善功率因数，提高电能质量

设计中，先按负荷来计算总降压变电站 (配电室) 的功率因数，再通过查阅设计手册和计算求出所需补偿的无功功率。如工业厂房有大型同步电

机，可采用控制电机励磁电流方式改善功率因数。必须根据产品样本或设计手册选择合适的电容器组或电源模块来提高功率因数，在高压配电系统中可考虑应用 SVG 动态无功补偿技术。在设计时还应根据负载实际情况，对于存在大容量变频电器的，通过选择串联合适的电抗器、可控硅或提高脉冲数等灵活的配置方案来抑制和治理谐波。

(六) 接地与接地装置

必须严格进行保护接地装置设计，通常可利用直接与大地接触的各种金属构件及建筑物的钢筋混凝土基础等。现在工业企业建筑中有大量电气设备，电气设备的保护接地系统必须完善，以保证人员安全，保护接地电阻不大于 4 Ω。此外，对于一些精密的试验仪器，为保证检测准确性，确保人身安全，要求接地电阻小于 3 Ω，零地电压小于 4 V。

(七) 防雷装置

工业企业供配电系统在进行防雷设计时应配备齐全的防雷装置并架设避雷线，由于防雷装置与避雷线架设的成本相对较高，因此目前一般只在供电系统的重要线路、35 kV 以上高空线路中设置。为了达到更好的防雷效果应装设避雷针，对于已有防雷措施的建筑物可不进行避雷措施的重复设计。此外，为了保护主变压器，还需对浪涌保护器实行高压侧装的方式。浪涌保护器主要适用于交流 50/60 Hz、额定电压 220 ~ 380 V 的供配电系统 (或通信系统)，对直击雷和侵入雷影响或其他瞬时过压的电涌进行保护，其适应家庭住宅、第三产业以及工业领域电涌保护的要求，具有相对相、相对地、相对中线、中线对地及其组合等保护模式。户外变压器通常采取在高压馈出柜内装设氧化锌避雷器方式，通过对主变压器设置防雷装置来减小雷电的影响或破坏。

三、工业企业供配电网自动化应用的安全性

(一) 系统运行安全性

工业企业供电需要建立完善的安全管理体系，确保系统的安全运行，

实现变配电机制的顺利开展。管理层和操作人员需要定期开展各项操作，开展各类培训工作，同时，还应该重视安全培训和安全教育工作，促使工作人员全面掌握各方面知识，推动配电线路安全工作顺利开展，科学进行室内布线。针对变电站设备的各类故障，及时判断故障，采取最佳的维修方式，全面提升配网自动化技术。配电网自动化需要满足操作安全、监控（远程）、故障诊断、维修管理等功能，推动工业企业生产工作的稳定开展。

（二）网络运行安全

配网自动化主要是借助计算机、通信技术对配网进行自动化控制，实现对配网系统的全面监控，提升工业企业的管理水平。在供配电的运行、维护管理中，网络安全及其重要。应对系统内的通信服务器、网络接入服务器、计算机处理器等进行严格的管理、控制，实现远程操作，确保供配电网的安全运行。在供配电网系统运行期间，技术人员需要定期对系统进行全面的检测和分析，配置适用的防火墙、病毒检测软件、黑客入侵检测等。防范主回路问题、变配电电磁干扰问题，结合检测结果，制定完整的解决方案，确保供配电网系统的安全运行。

参考文献

[1] 郝春生.石油化工装置管道施工技术 [M].北京：石油工业出版社，2007.

[2] 王平.输油管道动火施工及投产现场管理 [M].北京：石油工业出版社，2013.

[3] 寇杰.油气管道腐蚀与防护 [M].北京：中国石化出版社，2008.

[4] 黄春芳.油气管道设备使用与维护 [M].北京：石油工业出版社，2012.

[5]《管道工程项目风险与保险》编委会.管道工程建设项目风险管理 [M].北京：石油工业出版社，2012.

[6]《管道工程建设项目风险管理》编委会.管道工程项目风险与保险 [M].北京：石油工业出版社，2012.

[7] 蔡尔辅.石油化工管道设计 [M].北京：化学工业出版社，2004.

[8]《管道完整性管理技术》编委会.管道完整性管理技术 [M].北京：石油工业出版社，2011.

[9] 王非.化工设备用钢 [M].北京：化学工业出版社，2004.

[10] 张琦.现代机电设备维修质量管理概论 [M].北京：清华大学出版社，2004.

[11] 赵艳萍.机械工业企业设备管理发展模式研究 [M].镇江：江苏大学出版社，2002.

[12] 李葆文.现代设备资产管理 [M].北京：机械工业出版社，2006.

[13] 钟复台.企业招投标操作规范 [M].北京：中国经济出版社，2003.

[14] 于培旺.管道安装施工技术 [M].北京：化学工业出版社，2007.